ちくま文庫

「ほとんどない」ことにされている側から見た社会の話を。

小川たまか

筑摩書房

はじめに

二〇一八年に出した初めての著書を、このたび筑摩書房さんが文庫版にしてくださることになり、単行本の際には「はじめに」をつけていなかったのだなと今さら気づきました。初めましての人もいるであろうに、なんと不親切な。

私は氷河期世代の最後の方で、二〇〇六年頃からライターを生業にして、二〇一五年からは主に性暴力を取材しています。この本の中では実際に取材をしたことをそのままというよりも、取材の合間に考えたことをメインに書いています。

今でこそ「性暴力を取材しているライターです」と自己紹介をするようになりましたが、この本を書いていた当時はまだそう言い切っていなかったように思います。今から振り返ると問題意識がシンプルに感じられ、これでいいのかと思うところもあります。ただそれだけにいろんな話に首を突っ込んでいく勢いだけはあり、元気があっていいなと人ごとのように思います。

ここ十年で、「性」にまつわるトピックについては意識の変化がかなりありました。十年前は世界経済フォーラムによるジェンダーギャップ指数も今ほどニュースで取り上げられておらず、「同意のある性交」もしくは「不同意性交」というような言葉は今のように広まっていませんでした。また、今までだったら大きな問題とはなっていなかったであろう事件（例えば元ジャニーズ事務所の問題のような）も次々と報道されるようになりました。

このような変化の中にありながら、実際の事件の現場や当事者を取材するのは正直しんどい。しかししんどいながらも、この時代の目撃者でい続けようと思っています。

各章には執筆時の日にちが入っていますので、この頃ってそういえばこんなことあったなとか、あの頃自分にはこんなことがあったな、などと振り返っていただけたらと思います。

文庫版では、雑誌「母の友」で連載していた原稿の中から二〇二二年〜二〇二四年までの何本かを収録しています。時間の経過とともに、私の問題との向き合い方も少しずつ変わっているかもしれません。

それでは、もしも最後まで読んでいただけたら、また「おわりに」でお会いしましょう。

もくじ

はじめに………3

「ほとんどない」ことにされている側から見た社会の話を。（二〇一六〜二〇一八）

プロローグ　バザーとiPad越しのお祈り………11
手を伸ばさなかった話（1）………16
手を伸ばさなかった話（2）………21
大海は近いか遠いのか………25
加害者が語ること………37
年齢の話………43
手伝ってくださいと言われてよかったと思った話………50
炎上ばかりの現代で覚えておきたい歴史………58

No means No 私の体は私のもの……65
もう1つの「死にたい」検索結果の話……70
外見をほめられたら必死で否定しなければいけないあの雰囲気について…77
警察行く行かないの話&行っても意味ないのかとかの話……84
死と型……92
子どもにとっての強者……97
取材と暴力……106
生まれてから十二年間だけ猶予期間……117
フィクションと実相……131
手を伸ばさなかった話(3)……140
半分だけわかる、でもいいと思う……145
男女平等の話……154
女の人の体が好き……171
美人とセクハラ……185

透明な痴漢常習者……194
前に進む……205
おわりに……214

自由のほうへ行くために（二〇二二～二〇二四）

女性が幸福な国……219
遠ざけられてきたもの……222
ネグレクト……225
令和のご不快構文……228
従順な最後の世代……231
大切な話だから声をひそめて……234
日記の夏……237
誰を救うための制度か……240

Column

持続可能な生活……243
百円ショップのサンセベリア……246
猫の同意……249
文庫版　おわりに……252

「ほとんどない」ことに
されている側から見た
社会の話を。

プロローグ
バザーとiPad越しのお祈り

二〇一六年二月二十二日

「まみちゃんのお母さん、Yさんが亡くなった。お葬式には来なくていいけど、心の中でお祈りしてあげてください」

母からそうメールが来たのは年末のことだった。まみちゃんは、姉の保育園時代の友達。まみちゃんの家とうち、それからしいちゃんの家の三家族で、昔からずっと仲良くしていた。

私と姉は五歳離れているけれど、まみちゃんのこともしいちゃんのことも、今でも〝ちゃん付け〟で呼んでいる。

姉が保育園に通っていた頃のことだから、もう四十年も前の話。今でこそ待機児童がこれだけ話題だけれど、当時もたぶん、保育園の不足問題はひっそりと存在していたのではないかと思う。うちの両親はどちらも地方の出身で、東京で頼れる人はほとんどいなかったのに、姉は認可園に入れなかった。やっと見つけた無認可園で、Yさんたちに出会ったのだ。

姉の保育園探しに苦労したから、両親は私が生まれる前、区役所で「子育てに力を入れているのは○○区」と助言されて引っ越しをした。でも私が入れたのは、引っ越した家の真隣にあった認可園ではなくて、徒歩十分かかる園。不思議に思ったし、母がたびたび愚痴っていたからよく覚えている。いろいろ理由があるのだろうし、入れたのだから文句は言えないのだけれど。

Yさんはフリーライターで、まみちゃんと年の離れた妹のさちこちゃんを育てるシングルマザーだった。肩までのワンレンを横に分けて、黒髪がツヤツヤしていて、あか抜けた雰囲気の人。子ども心にも、公務員をしているうちの両親とは違うタイプの大人だと思った。

母が「Yさんちの家具はダイニングのテーブルと椅子がセットじゃなくて全部バラバラなの。どこかからもらってきたのばかりだからだって。それでもなんだかバランスが取れてて、センスがいいの」なんて言ってたのを覚えてる。いろんなことを知っていて、話が面白くて、よく笑う人。たとえばうちの父と、ちょっと意見が違うことがあったりしても、笑いながらはっきり物を言う人だった。

三家族でどこかの家に集まることがときどきあって、ごはんを食べ終わると子どもは子どもでかくれんぼや怖い話大会をして遊び、大人たちは麻雀をしながらお酒を飲んだりしていた。

お葬式に出たのは、私の母としいちゃんのお母さん、それ以外はほとんど親族。場所は住んでいたマンションの一室。亡くなる前から葬儀をどうするか、誰を呼ぶかまで全部決めていたという。喪主は二人いる娘のうち、妹のさちこちゃん。お姉さんのまみちゃんは、もう二十年以上もアメリカに住んでいて、向こうで牧師さんをしている。ちょうど二番目の子を産んだばかりで帰国できなかった彼女は、葬儀中、iPad越しにお祈りを捧げたのだそう。

年が明けてから、そんな話を母から聞いた。母はぽつりと、こんなことも言った。

「Yさん、子どもたちが小さいころは学校の教材費が払えないぐらい、お金に困ったこともあったんだって。でもそんなこと当時はひと言も言ってくれなかった」

私は少し疑問だったことを聞いた。どうして、まみちゃん家、しいちゃん家とうちは、そんなに仲が良かったのだろう。私の保育園時代も仲良しはいたけれど、今でも家族ぐるみで付き合っている人はいない。何度か引っ越しをしてからも付き合いが続いていたのはなぜ？

母は少し考えながら言った。

「たぶん、バザーとか一緒にやってたからじゃないかな。お姉ちゃんが通ってた無認可園はほとんどボランティアで成り立っていたようなところだったから、運営資金を母親たちがバザーとかでちょっとずつ稼いでいたりしたんだよ。その頃に一緒に苦労した思いがあるのかも」

帰ってからインターネットで調べたら、その無認可園は今、認証保育園になっていた。ホームページの「園の紹介」には、一九六〇年代にできたこと、当時は産休を取れる会社が少なく、産休明けの乳児を預けられる施設がなかったこと、「出産を契機に職場を去るか、母になることを諦めるか」という時代に、働く人の手でつくられた園であったことが書かれていた。

「保育園に預けるなんてかわいそう」、そういうことを言う人が今よりもずっと多かった、そんな時代の中で、働きながら休日にはときどきバザーをして、一生懸命子どもを一人で育てて。その子どもはアメリカで牧師になって、iPad越しにお祈りをしてくれた。女の一生。その生き方。私はYさんの人生をほんの一部しかしらないけれど、母やYさんがバザーを開いている姿を想像しようとすると、胸がつまるものがある。きっと、泣く子どもをあやしながら、持ち寄ったお菓子を食べたりしながら、服を並べたりお釣りを数えたりしていたんだろう。

無数の人生があって、その先に私たちがいる。人生はいつか終わってしまうけれど、その場所にその人は確かにいた。

手を伸ばさなかった話（1）

二〇一六年六月十三日

名古屋でRIFCR™研修*というものを受けてきた。RIFCR（リフカー）とは、虐待（主に性虐待）を受けた子どもへの初期対応のことで、教育や福祉・医療関係者など、虐待を発見しやすい立場の大人が受けることが多いという。有料での研修だし、「内容が誤って伝わったら危険」という理由から詳細を書くことはできないのだけれど、一部の職業の人だけではなく、二十歳になったらみんな受ける必修の研修にしたらいいんじゃないかと思ったくらい勉強になった。被虐待児を見つける可能性は誰にもあることだし、つらい境遇にいる（かもしれない）人を見つけたときの対応を知っておいて損はないし、「必要な情報を過不足なく聞く」「自分の判断を差し挟まずに話を聞く」などなど話を聞くスキルにおいて汎用性が高そう。

私の職業はライターで、今は性暴力関連の取材をすることが多いけれど、私の場合、すでに自分から「昔、被害に遭った」ことを明らかにしている人や、その家族に話を聞くことが多く、「もしかしてこの人は、虐待やDVを受けているかも」という立場で話を聞いたことはない。
ただこれまでの人生で、この人はつらい境遇にいるのではないかと感じたのに、そのまま何もできなかったことが何回かある。研修の合間に、そんなことをつらつら思い出した。

一回目は、大学二年の頃。当時、とある球場で売り子のアルバイトをしてた。マツちゃん（仮名）はそこで出会った同い年の女の子。その前年から同じバイトをしていた私にとってマツちゃんは、「友達の友達」枠の人だった。バイト先でできた友達が、新しいシーズンになって同じ学校の友達を何人か連れてきた、その中の人。顔を見れば笑って話すけれど、マツちゃんがシーズン途中でいなくなるまで、「友達の友達」という認識は変わらなかった。

マツちゃんは、女の子につけられるにしては、ちょっと変わった名前をしていた。中性的で男女どちらにもつけられる名前というわけでもなく、明らかに男の子につけられる名前。それを本人は嫌がっていて、「エミ」みたいな一般的な女の子の名前をニックネームにしていたこともあるらしい。ただ、当時の私にはマツちゃんの

＊　私が受けたのはたまたま名古屋だったが、ほかの都道府県でも受けられる。

本名が個性的でかわいく思えたので、その通りの感想を言った。そのとき、マツちゃんは笑って何も言わなかった。そう、マツちゃんはいつも笑ってるような、地顔が笑って見えるような感じの子だった。派手な顔立ちじゃないけど当時流行っていた茶色い髪と細い眉が似合って、細身で、モテそうな感じ。

しばらくしてマツちゃんはバイトにあまり来なくなった。マツちゃんと同じ学校の子たちが勤務時間前に泣いているのを見た。何日か続けて。なんだか深刻そうでなかなか事情を聞けなかったけれど、後から知ったのはこんな話だ。

最初に聞いたのは「マツちゃん、死んじゃうかもしれないんだって」という一言。理由は摂食障害。摂食障害の直接の原因かどうかはわからないけれど、マツちゃんは子どもの頃からお母さんに嫌われていたらしい、と一人の子が言った。男の子が欲しかったのに、女の子だったから。マツちゃんにはお姉さんと弟がいて、お母さんは他の二人はかわいがるのに、男の子みたいな名前をつけたマツちゃんにだけ無視するようにツラくあたったと。マツちゃんは姉弟とは仲がいいけれど、お母さんとはどうしてもうまくいかないので、十八歳で家を出た。

そんなことをする親がいるなんて信じられなかった。でも、男の子が欲しかったのに女の子が生まれたから（あるいはその逆）という理由で肉親から嫌われた子どもの話を聞くのは初めてではなかった。

結局マツちゃんはバイトに復帰することはなくシーズンが終わり、学校もやめてしまって、その翌シーズンになってももちろんいなかった。あるとき、一人の子が「電車でマツちゃんに会った」と言った。

空いている銀座線で座ったら、目の前にニコニコ笑ってこちらを向いているマツちゃんがいたという。マツちゃんと話したその子から聞くマツちゃんの「今」の話は、残酷だった。たった一年かそこらで、人の、十代の女の子の境遇がそんなに変わるのかと思った。

全部をここには書かない。ひとつだけ。そのときマツちゃんはケガをしていて、ケガの理由は「付き合っている彼氏にアパートの二階に監禁されて、その窓から飛び降りて逃げてきたから」だった。

あれから十数年がたって、マツちゃんとはそれっきりだし、当時の友達ともほとんど連絡を取らない。今になってみれば、私はマツちゃんの情報をほとんど伝聞でしか知らないことに気付く。だからその話が本当だったかももうわからない。わからないけれど、虐待や性暴力の話を調べていると、嫌なことに気付く。幼い頃に嫌な目に遭った人が、少し成長してからまた被害に遭うケースは結構ある。

「なんでこの人ばっかり、こんな悲惨な目に」と思うことが多々ある。そういう傾向が統計的に確かめられているかどうかはわからないけれど、そんなケースを知るたびにマツちゃんのことを思い出す。虐待や性暴力を調べる専門家の中には、「日常的に暴力にさらされたりして自己肯定感が低下すると、危険な場所に安心を感じ本来安心を感じられるはずの場所から逃げ出したくなってしまうことがある」と言う人もいる。

どうしてあの頃、私は自分で確かめようとしなかったのだろう。相談できる先を探さなかったのだろう。サポートの方法を探らなかったのだろう。結局は「友達の友達」枠だったから、私じゃなくて誰かがやることだと思っていたのだ。

悲惨な事件がニュースで流れて、ときどき「被害者が被害に遭っていたことを、知っていた人（目撃していた人）は何人もいました。でも誰も通報しませんでした」と報じられることがある。私は通報しなかった人たちを責められない。心配だけど、まさかね。気になるけれど、私の役目じゃない。私もそう思ってしまったことがあるから。

手を伸ばさなかった話（2）

二〇一六年六月十四日

二回目は、二十代前半の頃。当時付き合っていた男性と買い物をして、彼の家へ帰る途中のことだった。昼か夕方で、どちらにしてもまだ明るい時分。彼の家まであと数分、車道沿いの道を歩いていたとき、目の端に変な光景が映った。二〇メートルほど先で、バスケットボールが弾んでいるような。でもこんなところでバスケットボール？

ボールみたいに大きく上下していたのは、女性の頭だった。一緒に歩いている男の人に二回も三回も殴られていた。

暴力というものへの耐性は、私はかなり低いほうだと思う。その非日常の光景が衝撃で、何が起こっているのか理解するまでに何秒か時間がかかった。よく、危険を感じたときに風景がコマ送りになるが、こういう理解しがたい光景を目にしたときにも、それが起こることがある。

彼も、私たちのそばを歩いていた若い男性も気付いて、立ち止まってそのカップルのほうを睨んだ。私はひとりで動揺していたが、男性たちは「見ているぞ」という視線を送ることで、やめさせようという意図だったのだと思う。

でも、男は彼女を殴るのをやめなかった。丸刈りのその男は、睨まれていると気付いているのに、わざと見せつけるみたいに彼女を殴った。いったんやめたと思ったら、そのあと横断歩道を渡りながらも何度か殴った。

私は彼になんて言ったか言ってないのか、彼が丸刈りに何か言ったのか言ってないのか。そのあたりの記憶が曖昧なのだけど、信号を渡り終わったところで、丸刈りが彼に「なんだよ、見るなよお前」みたいなことを言って絡み、二人は向き合って口論する、というかたちになった。その様子を、さっきの男性が彼に加勢するように見ていた。ちょっと離れた位置から。

私は彼に「帰ってろ」と言われたので、その場を離れた。で、すぐ110番に電話した。

そのときの彼は、けんかやもめごとに慣れている人で、家に帰ってきてから「ああいうのでいちいち警察なんて呼ばなくていいんだよ」と呆れられた。でも私は呼んで正解だったと今でも思ってる。なんのために税金払っとるのか。当時は桶川ストーカー殺人などで警察の不祥事のイメージが強かった頃だったが、だからこそなのか、結構丁寧に対応してくれるんだなと思ったのを覚えている。

彼から聞いた話によれば、丸刈りは「俺たちのことなんだからお前に関係ねーだろ」「こういう関係でいいってことになってんだよ」と言ったらしい。ＤＶ男が言いそうな理屈だ。そういえば、丸刈りは手に何か細長いベルトみたいなものを持っていて、彼と対面しているときに、それを壁にぶつけて、ぺし！　ぺし！　と音を鳴らしていた。今こう書いてみて、「細長いベルトみたいなもの」が何だったのか自分でもまったくわからないのだが、とにかく本当に、丸刈りはそうやって音を鳴らしてた。たぶん威嚇。小学生がするような幼稚な威嚇。なんでこんな子どもみたいな男に殴られなきゃいけないのか、本当に悔しい。殴られたのは私じゃないけれど。口論をした彼も、心配したけれど一発も殴られていなかった。女を殴るような男は男のことは殴れないんだと思った。

忘れられないのは、殴られていた彼女の姿だ。丸刈りが彼に絡んだとき、彼女はそれを見ようともしなかった。私にも彼にも助けを求めたりしなかった。無表情のまま歩みを止めず、そのまま近くにあるアパートの階段を上がっていった。たぶんあのアパートに二人で住んでいたんだと思う。丸刈りはやんちゃな風貌をしていたが、彼女のほうは不釣り合いに地味な身なり。表情がなかったから余計に地味に見えたのかもしれない。あんなDV男にまとわりつかれて、身なりに気を遣うどころでもなかったのかもしれない。

通報したときのことを、後悔している。通報時に、自分の彼を第一に心配してしまったこと。現場で起こっているのは「男二人のけんか」であり、「私の彼に非があるわけではなく、DV男に絡まれた」。それを最初に伝えたのは正しいけれど、彼女が殴られていたことをどこまで明確に伝えられたか自信がない。女性が殴られていたとは言った。でも、何度も殴られていたこと、みんなが見ているのに異様なほど殴られていたこと、その様子から常習性が感じられたことまで伝えられたかどうか、覚えていない。後から考えればDVのほうが深刻なのに、そのときは彼に危害が加えられるのではないかという恐怖が先にあった。

彼が家に戻ってきた後、女性警官から「もう大丈夫ですか?」と折り返し電話があった。そのときに私には「こちらはもう大丈夫なので、彼女の話を聞いてください」と言うチャンスがあったのに。その翌日でも翌々日でも、私はもう一度警察に電話して、あの彼女がどうなったか聞くことができたのに、当時はなぜかそんなことを思いつきもしなかった。

大海は近いか遠いのか

二〇一六年六月十九日

ネットはいろんな意見を見聞きすることができて面白いな多様だなと思う一方で、やっぱ自分が見たいものしか拾ってないんだな私もタコツボに入っている一人なのだなと思った昨日。インターネッツではGWが明けてからだけでも、エイチ・アイ・エスの「東大美女図鑑企画」[*1]、「声かけ写真展」[*2]、「ちょうどいい感じの美人な人事担当者」会社説明会[*3]、「ICT女子プロジェクト」[*4]、ジブリ性別役割分担発言[*5]など、ジェンダー系の炎上が目白押しだった。「これはあかん」と言う人もいるし「いち

*1　旅行代理店エイチ・アイ・エスが、「『東大美女図鑑』の学生たちが「あなたの隣に座って現地まで楽しくフライトしてくれる企画」」を実施。女性蔑視と批判の声が上がった。

*2　数十年前に女子小中学生に声をかけて撮影した写真を展示・販売する展示会に「撮影や販売について本人や保護者の許可を取っていないのでは」などの批判があった。

*3　ベンチャー企業の合同説明会で「美しすぎず、ちょうどいい感じの美人な人事担当者がいる四社合同説明会」を開催し、批判された。

いち騒ぐフェミがうるさい」と言う人も見たけれど、後者でも「うるさいとはいえ、うるさいからこそ性差に関する発言はなるべく慎重になった方が良さそうだ」ぐらいの認識はあるだろう。そう思っていた。いや、そう思いそうになっていた。

やっぱり世の中っていうのは広い。昨日行ったイベントはすごかった。

イベントは池袋で行われた医学系の学術研究シンポジウム。テーマはジェンダーだった。このシンポジウムに、私の好きな、「人間と性」についての研究者・村瀬幸浩先生や漫画家の田房永子さんも登壇されたので見に行ったのだ。

村瀬先生のお話はいつも通り面白かった。ただ、この前の前の週に行われたイベントでお見かけしたときのほうが、村瀬先生の喋りがノッていた気がする。それは村瀬先生のせいではなくて、客側の問題のような気もした。今回はホテルの大きな宴会場を貸し切った講演で非常に格調高いのだけど、お客さんの入りは七割ほど。お付き合いで来ている人が多いのか客側の温度が低いような気がしていた。

村瀬先生の講演が終わりメインシンポジウム「男のリアル　女のリアル」が始まった。このメインシンポジウムに、田房さんと産婦人科医の男性、さらに女性弁護士の方と、セクシャリティを大学で教える非常勤講師の男性、合わせて四人が登壇した。

女性弁護士、セクシャリティの先生、田房さんの順番でそれぞれ二十分ほど喋り、トリが産婦人科医の男性。その後に四人と司会の方がディスカッションを行うという段取りだった。産婦人科医の男性は昭和八年生まれだそうなので、以降、彼のことを昭和八年さんと呼ぶ。

いや、実はシンポジウムの前からヤバいとは感じていた。前もって配られていた冊子に演者の方たちによる八百文字ほどの演目の要約が掲載されていて、昭和八年さんも「女のリアル」と題して執筆していたからだ。そこで彼は「科学的な内容ではなく、今日の社会現象として演者の目に映ったものを、勝手な思いで独断と偏見により、話題提供するものである」と書きつつ、日本人女性の茶髪とスカート丈に

＊4　ＩＣＴビジネスの現場で活躍する女性を応援するためのプロジェクトで、「ＩＣＴ48」と銘打って十三歳から二十四歳までの女性を募集。募集要項に顔・全身写真があったことなどから批判の声が出た。

＊5　スタジオジブリのプロデューサーが海外紙のインタビューで「女性は現実的な傾向」「男性は理想主義的な傾向」「ファンタジー映画には、そうした理想主義的なアプローチが必要です。そうした映画に男性監督が起用されるのは偶然だとは思いません」などと語った内容が「性差別的」と主に海外で取り上げられた。これら五つの炎上案件は、いずれも当事者らが企画撤回や発言の意図説明、謝罪などの対応を行っている。

ついて問題提起していた。自分の番になった昭和八年さんは、まず要約に書いてあったように茶髪とスカート丈について触れた。

「最近の日本人女性は茶髪が多い」

「スカートが短い」

ここですでに「いやむしろ最近は黒髪復活って言われてない？」「特に最近ミニスカートが流行ってるってことなくない？」などとツッコミたいところなのだがその後も延々と現代の日本人女性に対する「所感」は続く。ロングヘアの女性はなぜ髪を結ばないのか、不潔である、髪の毛が入った食べ物なんて誰も食べられないほど不潔じゃないか、髪の毛はもともと不潔なもの、電車内で寝ている女性の顔に髪の毛がばさーっと垂れかかっているのも見苦しい、あと、つけまつげが流行っているようだが日本人の顔立ちに長いまつげは似合わない、まつげが長いのはキリンやゾウなど砂漠の動物だけでいいのだ、それから女性は電車内で化粧をするのはなぜなのか、しかもシルバーシートで化粧しているし化粧用具がどれも汚い、私の見立てだと所要時間は十五分間くらいですね、電車内で甲高い声で喋っている女性もうるさい、日本人女性の声は特に甲高く幼稚に聞こえる、注意すると睨まれる、話している内容も「私ね、昨日酒をかっくらっちゃったのよ」などというもので品がないなどなど。[*6]

それからさらに、警察官や教師でも痴漢や盗撮をしてしまうことを例に挙げ、学歴や職業に関係なく男性は性的な欲望を止められないものだし、下半身を覗けるような急なエスカレーターや階段は街中によくあって、そのそばにはよく「盗撮・痴漢に注意」というポスターが出ている、女性は短いスカートなどはかずに重々気をつけるべきだと続けた。外見の美は三日で飽きるが、内面の美は飽きることがないというのだから、女性にはぜひ内面の美を磨いてほしい、椿姫のヴィオレッタのように振る舞ってほしいとかなんとか。

「女性は女性らしい繊細さを忘れずに。かつての大和撫子のように、慎ましい品性が大事。心が美しい女性に男は惹かれます。男が癒されるような魅力的な振る舞いを」

ああ、こういう人って本当にいるんだな。しみじみとそう思った。女性蔑視と性

＊6　「酒をかっくらっちゃったのよ」というのは昭和八年さんの実際の発言による。こういう言葉遣いをする若い女性を私は見たことがないけれど、そのような内容の言葉が昭和八年さんの頭の中で古風な言葉に変換されたのだろう。

被害についての偏見が甚だしくいっそ清々しかった。いや、同じように考えるおじいさん同士で飲み屋で話すならいくらでもやってくれという話なのだ。そんなの誰も止めない。でも「学術研究大会」と名のついた場で産婦人科医がこれを話す意味は？

女性弁護士の方は、弁護士における女性比率[*7]がいまだ一八・二％であること、弁護士の労働時間は男女で差がない（むしろ女性の方がやや多い）のに平均年収は女性より男性のほうが一・五倍多いこと、その理由と考えられることなどを、聞き取りやすい澄んだ声で話した。セクシャリティの先生は、「性的指向」に関する区議会議員の差別的な発言を切り口に、多様な性のあり方の議論について語り、セクシャリティとは生まれ持ったものだけで決まるのではなく、他者との関わりによってひとりひとりが獲得していくものではないかと話した。田房さんは「不審者の「膜」の中[*8]」というタイトルで痴漢の話をしていて、客席にいた精神科医の先生から「「膜」とは、とても面白い表現で感心した。心理学にもスペーシングという考え方がある」と言われていた。

三人とも、皆さんそれぞれ自分が興味関心や問題意識を持っていることについて、考察・分析した内容をわかりやすくお話ししていた。なのになんで。なんで昭和八年さんだけ、あんな独断と偏見の与太話が許されるのか。

その答えを出すためのヒントがひとつある。この昭和八年さんのお話、客席からはなんと笑いをもって受け止められていた。しかも笑い声は主に女性からだった。彼がコミカルに抑揚をつけて「今や政治家や学者まで、茶髪や金髪にしている」と言えば笑いが漏れる。昭和八年さん「電車内で化粧するなら三十分早く起きて家で化粧しましょう」、会場「クスクス」「アッハッハッハ」という調子。

どこに笑いどころがあるのかまったくわからない。私は前の方の席に座っていたので振り返って客席を見た。若い人もチラホラいたが、平均は五十代というところだったと思う。女性六五%、男性三五%くらい。

あまりにも時代錯誤過ぎて笑っているのか、もしくは、年長の先生が出てきたからお愛想で笑っているのかと思ったが、どうもそればかりではないらしかった。昭和八年さんが話し終えた後の拍手は、四人の中で一番大きかったように思う。さら

＊7　二〇二四年に女性弁護士の比率が初めて二〇%を越えた。
＊8　気になった方は『男社会がしんどい』（竹書房）の「痴漢の頭の中」などを読んでみてください。

にシンポジウムが終わった後、五十代くらいの女性二人が昭和八年さんに声をかけるのを見た。「先生、聞きましたよ。何をお話しするのかと思ったらすっごく面白かった。共感しちゃった〜」だって。

綾小路きみまろだか毒蝮三太夫だかにババア！ って罵られて喜ぶみたいな心理なのだろうか。それとも、言及されているのは自分ではない若い女性だからいいということ？ 笑っておかないと自分が男に軽蔑される側の女になっちゃうから、なんだろうか。ああいうので笑っちゃう人たちに、他の三人の演者が話したような話、特にセクシャリティの多様さとか、田房さんの「膜」の話とか、理解できるんだろうかと思ってしまった。とにかく会場内において、昭和八年さんは少なくない数の人に「面白い先生」として受け入れられていたのだ。ああ、二〇一六年〜。

こんな「女はこうあるべき（裏返せば男はこうあるべき）」という決めつけの話を、セクシャリティの先生が何も思わない訳がない。彼は昭和八年さんになんと言うのか。気になって、その後のディスカッションを見守った。

ディスカッションでセクシャリティの先生は「昭和八年先生のお話、確かにそういう光景は通勤で見たことがあるな〜と思いました」と穏やかに大人の感想を言いつつ、「それで先生、男のリアルについてはどう思われますか？」と聞いた。

ナイス質問。そう、シンポジウムのテーマは「男のリアル　女のリアル」だし。公共の場で化粧をする女性は確かにいるけど、男性だってマナーの悪い人はいる。茶髪金髪だって別に女性だけの話じゃない。そういうリアルについて、どう答えるのか……？　昭和八年さんの答えはこうだった。

「私は診察室で女性を診てますが、足の指の爪なんか伸びっ放しで、清潔ではないんですね。女性は清潔で繊細で清純という印象で言われるけれど、細かいところは適当ですよ。男性のほうが案外、気弱で繊細で清潔。こう言うと男性ばかり良く言っているように思えてしまうかな（笑）。強がりを言う男性ほど、実は弱虫だったりするんです。だから女性は安心してください。男は弱い人たちなんです」

主語が木星並みに大きいですねとは突っ込まず、セクシャリティの先生はさらに「でも先生、その繊細な男性の一部は痴漢とかするわけですよね？　なぜでしょう？」と続けた。

これまたナイス質問。しかし、ここで司会が仕事をした。このままだと昭和八年さんの旗色が悪いと思ったのか、「それについては、今日いらっしゃっている先生の中に（性犯罪の）加害者研究をされている方がたくさんいるので聞いてみましょう」と会場に振ったのだ。

結局その後、昭和八年さんは話すことなくディスカッションは終わった。

以前、教育問題について詳しい男性のジャーナリストさんが「お年を召した方で考えが凝り固まった人は、もうどうにもならない。変わらない」と言っていた。「残念だけど、あの人たちが引退してくださるまでは根本的に変わらない部分がある。僕らはできることをやりつつ引退を辛抱強く待つしかない」とも。

今回のシンポジウムでいうと、田房さんは三十代、弁護士の女性は四十代、セクシャリティの先生は五十代で、昭和八年先生は四人の中で一人だけ年齢が飛び抜けていた。

四分の一の異端だった。しかし、業界の中でその声を無視するというのは、かなり難しいのかもしれない。そう思わされてしまった。重鎮の先生の言うことだからとりあえずは笑って迎合するという世界。

昭和八年さんは昭和八年に生まれ、きっと女性は繊細で清純で清潔な生き物、そうでなければならないという価値観の中で生きてきたのだろう。自分の女性に対するイメージが間違っているとは思わず、実際に見たもののほうを否定し続けるのだろう。

彼の発表の要約には「男性は女性に魅了され、慰められることも多く、女性がいないと生きていけない動物」とも書いてある。私はこれまで、性的役割分担や性的な決めつけにとらわれやすい人は、自分で自分を縛ってしまいやすい人だと思っていた。たとえば、「女は弱いから守ってやらなければ」と思っている男性は、「人前で泣けない」「男だから強くなければいけない」「仕事は絶対やめられない」というようなルールに自分を閉じ込めて苦しんでしまうというように。

だから男でも女でも、自分の弱さを自分で認め、人の弱さも許せるようになればいいと思っている。それでいうと、昭和八年さんが「男は実は弱い」というのに同意する。でも、昭和八年さんの言い方には「女ばっかり弱いからって守られて擁護されてきたけど、男のほうが本当は弱いんですよ」という、恨みがましさがある感じがした。女は僕のイメージ通り清純で魅力的であってほしいけれど、僕たち男の弱さは許してよネっていう。なんだそれ。

産婦人科にはさまざまな事情の女性が来ると思う。ＤＶや性被害に遭った女性、結果的に望まない妊娠をした女性もいたのではないだろうか。そのときに、圧倒的な力の差でねじ伏せられている「女のリアル」を、この昭和八年さんは感じなかったんだろうか。人は見たいものしか見ないから、きっと彼には見えなかったんだろう。女性たちもこういう人が医師だったら、多くを語ろうとは思わないだろう。つくづく悲しい気持ちになった。こんな人に自分の一番プライベートな部分を見せなければいけなかった女性たちがいると思うと絶望的な気分になる。

私の通っている婦人科は、先生が二人、父娘で交替で診察している。お父さんのほうは恐らく七十代だと思うが、とても優しい先生だ。先述した村瀬先生は昭和十六年生まれで七十四歳。だから高齢な人でも、頭の固い人ばかりではないとは思う。ひとくくりに高齢の方々を老害などとは絶対に言ってはいけない。若い人でもファンモンと円楽は笑って許してベッキーは許さない人とかいるしね。[*9] 若い人でも高齢な方々でも、タコツボの中にいる私には想像もつかない種類の人がいる。ときどき出会うとびっくりして上から下まで観察してしまう。正義は人によって違うから、私は自分のタコツボが正義だとは思わないけれど、自分の仲間が増えればいいとは思っている。昭和八年さんの与太話に五十代女性が笑っていても、自分の住処であるタコツボを捨てるわけにはいかないのだ。

＊9　二〇一六年は芸能人の不倫が相次いで発覚。ベッキーのほか、男性音楽グループFUNKY MONKEY BABYSの元ボーカルや三遊亭円楽など。

加害者が語ること

二〇一六年八月一日

一九九九〜二〇〇一年頃に、とある球場でビールの売り子のアルバイトをしていたことがある。当時、誰でも知っているような人気のお笑いコンビの一人が、後輩に売り子をナンパさせ、飲み会に誘う行為（とかいろいろ）があった。売り子は未成年も多く、売り子を監督する立場の大人たちがとても警戒していたことを覚えている。だから二〇〇六年に極楽とんぼ・山本さんの事件が起こったときは、「さもありなん」と思った。

所属していた吉本興業を解雇されていた山本さんだが二〇一六年になってようやく吉本興業への復帰が認められたらしい。先日の「めちゃ×2イケてるッ！」で、レギュラーの人たちから厳しい言葉を言われながらも迎えられていた。放送で彼は、未成年と飲酒、淫行したことは間違いのない事実だと認めて謝罪していた[*1]。

彼の復帰の是非について、正直私は判断がつかない。基本的に、罪を犯した人でも復帰できる社会であってほしいと思っている。ただ、タレントは多くの人の前でパフォーマンスする仕事。淫行という未成年への性暴力を行った人がテレビの世界に再び戻るというのは、厳しい意見が出て当然とも思う。

私は普段、性暴力について多く取材している。被害者から話を聞くこともある。性犯罪被害者支援を行う人から、犯人と似たタイプの芸能人が画面に映ることが怖く、テレビをつけられない被害者がいると聞いた。山本さんの事件の被害者もそうかもしれないし、他の事件の被害者でも、「性暴力を行った人がテレビに映る」ことに恐怖を覚える人はいるかもしれない。そういった議論がテレビでは特に行われることもなく山本さんが復帰したのを見て、やっぱり性暴力への一般の理解はとても軽いものなのだという気がした。

すでに山本さんが復帰した今、個人的な意見としては、彼には「なぜ未成年を相手に淫行をしてしまったのか」「なぜ相手から訴えられたと思うか」について語ってほしい。そんなの聞きたくないという人が多いかもしれない。ただの性欲だろと言う人もいるかもしれない。でも、私は別に彼の言い訳を聞きたいわけでも、「男の性欲だからしょうがない」という開き直りを認めたいわけでもない。

性犯罪は同意の有無が争点となることがある。加害者は「同意があった」と主張し、被害者は「抵抗した」と主張、裁判でそれを判断するのはときとして非常に難しく、「強い拒否の様子が見られなかったようだから被告人が同意したと思っても仕方なかった」みたいな無茶苦茶な判決が出ることもある。

でも、たとえ裁判でそんな判断が出たとしても、被害者の拒否を加害者が同意と捉えるディスコミュニケーションがあったことは間違いない。なぜそんなことが起こったのか。なぜ性的な手段で相手を傷つけてしまったのか。そこにはどんな背景があったのか。女性蔑視か、満たされない承認欲求か、性的なコミュニケーションに関する無知か、仲間同士のノリゆえか、子ども時代のいじめか、仕事のストレスか。

山本さんはどう考えているのだろう。自分の倒錯について、加害性について分析したのだろうか。それを知りたい。

アルコールや薬物依存の場合なら、復帰するにしても「治療」してからと多くの人が思っているだろう。性犯罪の場合でも、加害者を治療する機関は少ないながら

＊1　二〇一六年七月三十日放送のバラエティ番組で、極楽とんぼの山本圭壱さんが十年ぶりに地上波に復帰した。二〇〇六年に事件を起こし、芸能活動を休止していた。事件は示談となり被害者が告訴を取り下げて不起訴。

もあるのだ。なぜ山本さんは、寺で修行（だっけ？）する前に、その医療機関の門をくぐらなかったのか。なぜフジテレビは、治療や分析ではなく、仲間内への謝罪がすめばOKと判断したのか。

みんな性暴力について、全然知らないのに知ってると思い込んでいるからだ。「性欲があるから」で説明できる問題だと思っている。「性暴力」と「性」は違うものなのに、「性」がつくだけで、なんだかエロいことでしょ、エロいことなら知ってる、男の性欲はおさえられないから仕方ない、今回はちょっと運が悪かったよね、以上！

いやいや、男ならみんな未成年に酒を飲ませて淫行するのか。違うでしょ。未成年に酒を飲ませて淫行したという罪を犯した人でも、一人一人その背景にあるものは違うでしょう。それを語ってほしい。繰り返すけれど、その話を聞くのは加害者の言い訳を認めるためではない。性暴力の背景にある複雑な心の問題、対人関係の問題を世に知らしめ、類似事件を減らすことにつなげたい。お酒や薬物がやめられないように、性暴力という加害がやめられない人というのがいる。被害者にカップラーメンの汁をかけたと報じられている東大生の事件[*2]のように、他人の性をもてあそんだり、虐げることに良心の呵責を持たない人がいる。でも性暴力の場合、「相手も同意していたように見えた」という誤解とか、「レイプはセックスだから暴力じゃない。大したことじゃない」って歪んだ認識とか、相手が被害を訴えられなかったこととかで、加害者が自分の加害性を認識せずにい続けられてしまうことがある。

自分の加害性を認めて語ること、類似の加害性を持つ人に警鐘を鳴らし、「やるな」と言うこと。それが事実を認めた人の〝役目〟なんじゃないかと私は言いたい。ましてや、公共の場に出てくるのなら。私は、加害者が自分で罪を認めて、なぜ自分が罪を犯したのかを真摯に分析して語ることが一番難しくてツラいことだと思うし、前述した通り、類似の加害性を持つ人への警告になると思う。早いうちにカウンセリング行けよと、罪を犯す前に言ってくれる人がいるならそれが一番いいだろう。

私の中にももちろん加害性はある。自分の被害を語ることもツラいけど、自分の加害を語ることもツラい。世間に語るハードルで言えば、加害のほうが高いんじゃ

＊2　二〇一六年五月の事件。強制わいせつ容疑で五人の東大生が逮捕された。小説『彼女は頭が悪いから』（二〇一八年、姫野カオルコ／文藝春秋）のモデルとなった事件。

ないだろうか。過去のいじめ被害を語る芸能人はいても、いじめ加害を語る人はほとんどいない。

でもだからこそ、加害者には、慎重に真摯に語ってほしい。加害性は誰の内にもあるものだと思うから。そこから目をそらしてはいけないから。

年齢の話

二〇一六年十月七日

「今日からあんたは女の子じゃない」

「もうチヤホヤされないしほめてもくれない」

　二十五歳のバースデーを迎えた女性が女友達からそんなことを言われる、資生堂の化粧品ブランド「インテグレート」のＣＭが炎上した。

　こういう炎上案件については、批判に対する批判が上がるのもいつものことだ。早速、「二十五歳以上がチヤホヤされないことに怒るって男女平等の観点において違うんじゃないか」みたいなツイートを見てしまった。いやそれ全然わかってなくない？　ジェンダー系の炎上案件では、怒ってる人の意見が曲解されたり誤解されたり端折ってまとめられたり、理解されないまま「なんか怒ってたね〜」って終わりにされることが多々あるけれども、こんな的外れなツイートには、ほんと力が抜ける。

　でも力を入れ直して立ち上がる。

あのＣＭに怒っている人は、「二十五歳以上でもチヤホヤされたい！」って怒っているのではなく、「二十五歳以上はチヤホヤされないという描かれ方」について怒っているのでもなく、二十五歳を境に女の価値が変わることが当たり前であるかのような、そして価値が変わるのは女だけであるような、そのステレオタイプに違和感を覚えてるんじゃないだろうか。少なくとも私はそうだ。

この件について検索していたら、ある個人ブログが炎上前にあのＣＭのセリフを書き抜いていたのを見つけた。そのブログ主は、ＣＭの紹介とともに「女性には二十五歳の壁があるといいますが」「女性は二十五歳を一つの節目のように考えている方が多いのではないでしょうか」などと書いていた。

「女性〈には〉二十五歳の」

「女性〈は〉二十五歳を」

何の気なしに書いた文章だと思うのだが、それだけに。なんで女性だけが「二十五歳」問題を押し付けられるんだろう。全ての女性が年を取ることを気にしているような紋切り型で、勝手に話を進めてほしくない。

先日、一九九四〜九五年生まれの学生たちに、「その昔、「ヴァンサンカン・結婚」っていうドラマがあったんだよ」とか「かつては「女性はクリスマスケーキ」とか言われて、二十五歳だと売れ残りって言われたりしたんだよ」って話をしたら、「なんですかそれ?」「意味わからない」って驚いていた。二十五歳が一つの節目なんて、それぐらい前の話だと思ってた。じゃあ今なら三十歳が節目として妥当かとか、そういうことじゃない。女だけ、「〇歳になったら賞味期限切れ」みたいな価値観を押し付けられていることがイヤ。女性を元気づけるアイテムの一つであるはずの化粧品のCMが、脅し文句のようにこういう「常識」を利用するのって私は疑問に感じる。

……という感じで書き進めようと思ったのだけど、どうも思い出してしまうことがある。二十代の頃に知人男性と話していたときに、彼が「若い男なんてツラいだけだから早く年を取りたい」と言ったのだ。「女性は若いことでチヤホヤされたりするけど、男はそうじゃないから。若い男って舐められるだけで何もいいことがない」と。

私は自分がチヤホヤされるタイプではなかったので、「若い女だからって誰でもチヤホヤされるわけではない」と言った。さらに、チヤホヤされるといってもそれは同時に舐められていることでもあると今にして思う。とはいえ、男でも女でも若ければ若いというだけで舐められる事実は確かにある。

あともう一つ思い出すこと。以前、日本に暮らす外国人を取材したことがある。その中に、日本で就職した後、二十代前半で独立して会社を起こした男性がいた。彼は「韓国など他のアジアの国でもそうかもしれないが、日本は年齢差別がある」と言った。すぐに年齢を聞かれるし、若いというだけで意見が採用されないこと、発言すらできない場面がある、と。

「女性＝若いほうがいい」と「男性＝若造はダメ」は、セットの価値観なのかもしれない。どちらも年長の男性からの視点という意味で。

さて続けるが、私は二十代の頃、年を取ることが怖かった。でもそれは「女の価値が下がる」ことを恐れていたのではない。大した経験も知識も無いまま、何も社会に貢献せず何も生み出さないまま、ただ年を取っていってしまうことが怖かった。だから焦っていた。そういう人って、男女問わずいるんじゃないだろうか。

女性の場合、「年を取ると価値が下がる」という社会的刷り込みみたいなものがあるから混乱しがちになるけれど、実際は「老い」への不安ではなく、「内面が幼いままの自分」「以前と同じままの自分」への焦りなんじゃないだろうか。ただ単に、年齢が上がることが怖いのではない。その年齢に見合わない自分が怖い。他者からの評価ではなく、自分との闘いの話。多様性という言葉が周知されて久しい今、私は「女性は年齢を若く見られたい生き物」という枠にはめられたままでいたくない。

「あの子と差をつけよう」とか「私らしく」を大々的に打ち出すくせに、どうして「年齢を気にする」ことについては画一的なんだろう。年を取ると若さに嫉妬するみたいなステレオタイプとも、そろそろさくっと縁を切りたい。

現実に、ある二十代女性から「私なんかが褒めてもらえるのは若いうちだけですから……」と言われたことがある。彼女の仕事ぶりを同業者が評価していたことを伝えたら、そう言ったのだ。怒りたいような、怒ってもしょうがないような、何とも言えない気分になった。習慣でついつい謙遜したのかもしれないけれど、それにしてもさ。

彼女になんと言ったら伝わるのかわからなかったから、先輩の言葉を借りよう。以前インタビューした、映画監督、松井久子さんの言葉。

「自分らしく生きているって思っているかもしれないけれど、本当にそう？

自分らしいってどういうことだろう？　と、もう一回自分に問いかけてみてほしいと思います。家庭環境、情報、社会、教育、知らず知らずのうちに刷り込まれたものを「自分」と思って生きているのではないですか？　ってね」（「フェミニズムは男性をも救う　ドキュメンタリー監督が指摘する『男と女の対立構造の罠』」／ウートピ）

勤勉でユーモアあふれるあなたに、「大して仕事ができなくてもチヤホヤしてもらえるのが若い女の子の価値」って刷り込んだのは誰なんだろうね。まあシミとかシワとかはなるべく防げるなら防ぎたいと私も思ってしまうことがあるけれども、肌とか体を労って自分の満足のためにお手入れするのと、人から若く見られたいかどうかって、また別の話なのだよな。

〈追記〉この記事を書いたときは気付いていなかったけれど、この年の八月に公開された、樹木希林さん出演の「アドバンストモード」（そごう・西武）のCMがめちゃくちゃカッコよかった。一部だけ引用。まだ見てないという人は、ぜひ検索してみてほしい。

「歳をとったら、歳相応の服を着なさいとか、妻や母親、祖母という役割に自分を合わせなさいとか、周りの人と同じように振る舞いなさいとか。そんな窮屈な常識は、もういらない。あなたはもっと、個性的であっていい」。窮屈な常識はいらない。ほんとそれ！

手伝ってくださいと言われてよかったと思った話

二〇一六年十月三十一日

電車内で化粧をする女性に、前に立った女性が「みっともない」と顔をしかめ、みっともないことを知らしめるためのダンスを踊り出す……という東急電鉄の車内マナー広告。こちらもプチ炎上していたCMだ。

このCMシリーズでは、プチ炎上した時点でアップされていた広告が「電車内化粧」と「歩きスマホ」。どちらも若者がマナー違反をする様子が描かれていたこともあり、「足を広げて座ったり電車内でけんかしているおじさんの方がよっぽど迷惑」などの批判が上がった。

個人的には、きわどい写真や文句が載る中吊り広告を「みっともない」と言われ続けていることについてはどう思っとるんだろうと思うし、足を広げて座る行為などに比べて、さして実害のない電車内化粧にそこまで目くじら立てるのかと感じた。

このシリーズの続編には、周囲の迷惑にならない座り方をお願いするための啓蒙として、女性の写真とともに「ヒールが似合う人がいた。美しく座る人だった」ってキャッチコピーを載せた広告もある。公共の場所を利用する際のマナー広告で、「みっともない」とか「美しく」って美醜の話を出されるのにうんざりだし、どちらも女性にこういった言葉が投げかけられていることに、これは偶然なのか意図的なのか、無意識の意図なのかと考えてしまう。

残念だったのは、日頃、頭のよい発言をしている有識者の何人かが、このCMへの炎上について、「なぜ電車内化粧をしてはいけないのか」を滔々と発信していたことだ。

論点はそこではない。

批判している人たちの多くは、「電車内で化粧させろ」と言っているわけではなく、電車内化粧をそこまで咎めるなら、もっと迷惑な行為は他にもあるんじゃないの？　なんでおっさんを注意しないの？　若い女が注意しやすいからやり玉に挙げてるんじゃないの？　女性にだけ「みっともない」という言葉をわざわざ選んで突きつける、その描写からは女性蔑視や「女性はかくあるべき」の意識を感じるよ、それは窮屈だし、お客に対するマナー広告として行き過ぎでは？　ってことを指摘していたと思う。そのあたり、わからない人はさっぱりわからないらしい。たぶん、人生でそういうことをあまり考えたことがないんだろう。ひどいのだと、「注意する側の女の子が美人じゃなかったから女性たちが怒った」って指摘まであった。どこまで議論がすれ違い、脱線し、「女は女同士で敵対する」みたいな誰かにとって都合のよい妄想が繰り返されていくのだろうとびっくりする。

「女性たち」が言ってるのは、「男性たち」の多くが考えたり語ったりしたことがない（なぜなら考える必要がなかった）、やや複雑な違和感なのかもしれない。だからって単純な話に落とし込みすぎでしょう。何を言っても、既存のフィルターにかけられて単純化され、そこから漏れる、男にとってわからない話は「男は論理的、女は感情的」だから聞く価値がないことにされる。話を聞いてほしい、五分だけでいいから的なことを思う。

さて、このマナー広告について面白い記事があった。記事のタイトルは「電車でたまねぎ切っても気にしない⁉ ドイツ・ベルリン交通局のCMがおもしろすぎる」。ドイツ在住のwasabiさん（藤沢祐子さん）というブロガーの女性が書いた記事だ。

記事の中で紹介されているベルリン交通局のCMで繰り返されるフレーズは「Is mir egal」。「どうでもいい」「気にしないよ」みたいな意味らしい。駅員らしいおじさんたちが、地下鉄でこう歌っている。

「馬に乗ってても気にしないよ」
「男の上に男がまたがってても気にしないよ」
「おばあちゃんがゴスっ子に挟まれてても気にしないよ」

ＣＭ内では当然のように、歌に合わせて地下鉄内で馬に乗ってる人や男性の上に座ってる男性、ゴスロリの格好をした子に挟まれて座っているおばあちゃんが登場する。

気にしないよ、だって「ありのままのあなたを、愛しているから」。

かたや、化粧にみっともないと顔をしかめ、「みっともないダンス」が精いっぱいのコミカルさである日本。北風と太陽の話とか思い浮かべるけれど、一体どちらの国の方が、大人の楽しめるユーモアがあり、成熟していると言えるだろう。

さらに、これもドイツに住んでいる日本人の方がツイッターで要約すると次のようなことをつぶやいていた。メモしてなかったのでうろ覚えなのだけど、

「ドイツでは、人と自分との境界がはっきりしている。公共の場で他人が何か

していてもあまり気にする人がいない。逆に、ベビーカーの乗り入れとか助けてほしいときには『手伝って！』って臆さず言う。周囲も当たり前のように助ける」

みたいな話。

これで思い出したのが、半年ほど前の出来事だ。

平日の昼間。新宿から小田急線の各駅停車に乗っていて、車内はそこそこ空いていて、私はぼーっと座席の端に座っていた。いくつめかの駅に停車したときのこと。突然、「テツダッテください！」という声が聞こえてハッとしたら、ベビーカーを押した白人の女性が電車を降りようとしているところだった。そっか、ベビーカーが重たいのかなと思って、席から立ちあがって近くまで行ったらびっくり。電車とホームの間には、かなりの隙間が空いていた。三〇センチぐらいだったか、もっとあったかも。普段は気にならないけれど、ベビーカーを押している彼女の横に立ったら、その隙間はあまりにも重大事項だった。

うわー、これは一人じゃ怖いよーと思って一緒にベビーカーを持ったけれど、私はベビーカーの扱いに慣れていないので、正直あんまり役に立たなかったと思う。

咄嗟にできたのはちょっと手を添えたことぐらい。それでも女性はニコッと笑ってくれた。彼女の声に気付いた人は他にもいたと思うけれど、そのときに席を立ったのは私だけだった。なんとなく、我関せずなムードが電車内に漂ってた。ああいうのはそのときどきに居合わせた人の運だと思うけども、彼女が「手伝ってください」と声を上げたとき、中途半端な形だったにせよ手伝えてよかったなと思った。

それから、日本人ってああやって自分から「助けて」「手伝って」って言うことがあまりないような気がした。それはきっと、声を上げづらい雰囲気があるからなのだと思う。声を上げる人が少ないから、ああやって人が声を上げたときにパッと反応できる人が少ないんじゃないだろうかとも思った。

私には子どもがいないので、子育て中の視点で日常を見ることがない。だから、あの駅で電車とホームの隙間があんなに広いことにも今まで気付かなかった。ベビーカーを押して電車で乗り降りする人は見たことがあったけれど、そのときにヒヤッとする瞬間があることを実感として知らなかった。だから彼女が「手伝って」と言ってくれてよかった。言われなかったら私は今もそれを知らなかったから。

以前、グリーフケア（死別などの喪失を経験した人へのケア）を広める活動をしている尾角光美さんを取材したとき、彼女は言った。

尾角　「私は」っていう言葉をつけることは日本では確かに嫌われると思うんです。「俺は、俺はって言うなよ」って。だから主語から消えますよね。でもそれはすごく無責任なこと。たとえば、日本人って。「あなた長男なんだからしっかりしなさいね」って言うじゃないですか、でも本当は「私は、あなた長男なんだからしっかりしなさいねと思ってるのよ」という文に表してわかるように、先の言葉では「私は」という主語が省略されている。主語が消えることによって、無言の圧力にさらされる感じがしますよね。

（「誰かを亡くした悲しみは〝乗り越えるもの〟ではなく〝大切に抱きながら生きていくもの〟グリーフケアを広めるリヴオン尾角光美さん」／soar）

主語を省略することで、自分と他者との境界を曖昧にする感覚。他者との境界が曖昧な社会では、「手伝って」の一言に対して、過剰な「強制力」を読み取ってカチンとくる人がいそうだ。そして言う方は、「強制」と思われることを避けるために極力声を上げなさそう。なんてことも思った。

ちなみに、東急電鉄のCMシリーズの続編では、駆け込み乗車をしてしまった女性に車内で厳しい目線が向けられる、「駆け込みセーフでホッとした。皆の視線にハッとした」というキャッチコピーの広告もある。「みっともない」とか「美しい」とか「皆の視線」、共通するのは「みんな」からどう見られるか、だ。無言の圧力。

炎上ばかりの現代で覚えておきたい歴史

二〇一六年十一月一日

先日、知人女性とのダイレクトメッセージで、「駅乃みちか」とか「うな子」の動画*（またしてもジェンダー系の炎上案件）についてあれこれ言い合っていたとき、彼女が言った。

「『女たちは地球人』（一九八六年、三井マリコ他／学陽書房）という本があって、当時のフェミニストがどのような活動をしていたのかを読むと驚きますよ。「女性の乳首を箸でつまんだ広告」が、車内に掲示された時代です」

え？　え？　乳首を？　箸で？　車内に掲示……？　そうなんですか……。あんまりびっくりして、すぐに『女たちは地球人』を探して購入してみた。

乳首を箸でつまんだ広告は講談社の漫画雑誌『モーニング』のものだった。同書での説明をそのまま引用すれば、「汗でぬれた薄いTシャツをまとった女性の乳首を、男の手がハシでつまみあげている写真」。

コピーは「チチも愛読、ハシからハシまで」。父と乳、箸と端をかけているのだろう。

優れたクリエイティブは時代を超えるというが、陳腐なクリエイティブは時代を超えない。その良い例がこのコピーじゃないだろうか。フェミニズムとかジェンダーとか女性蔑視とかいったん置いといたとしても、これはちょっといかがなものか。このダジャレみたいなやつのセンスは。

当時の女性たちは講談社の宣伝局の担当者たちに直接抗議していて、そのやりとりが描写されている。一部を引用する。質問しているのが女性たち。

――女生徒に対する痴漢行為が頻発しているが、こういうポスターは、女性にはそうやってもいいんだと思わせるのに一役買っている。

担当者：おっしゃることはよくわかります。私どももそういうことはあってはならないと思います。配慮が足りなくて……（略）

＊　二〇一六年十月、東京メトロの公式キャラクター「駅乃みちか」のビジュアルについて、「あざとい」「下着の線が透けて見える」などの批判が起こった。また、九月には、鹿児島県志布志市が公開したふるさと納税ＰＲ動画「うな子」が炎上。スクール水着を着た少女が「養って」などと言う動画だった。

――男性のペニスを女性がハシでつまんでいる同じような写真を見たらどう感じますか。

三人順に答えてください。

担当者：そんなことは誰もやらないし、法律で禁止されているから想像できません。

――でも同じようなことを女性はされている。どう思うか答えて下さい。

担当者1：醜いと思う。

担当者2：きたないと思う。

担当者3：いい気持ちはしない。ただもう反省しています。今後はこのようなことのないよう十分配慮しまして……

激詰めである。

さらに面白かったのが、「フジ三太郎を斬る」の章。

一九八三年、フェミニストたちが「優生保護法改悪案」と呼ぶ、妊娠中絶非合法化が国会に上程されるかどうかという時期に載った四コマが、こんなものだったそうだ。

一コマ目、当時、女性のファッションで黒が流行していたらしく、黒い服を着て街中を歩く女性たち。二コマ目で三太郎の同僚が「黒がすごくはやってるネ　OL　女子大生　人妻　みんな着てる」と言う。三コマ目で「やはりあれかなー　供養の心理かナー」と三太郎。四コマ目で再び女性たちが描かれるのだが、彼女たちは伏し目がちで、それぞれの頭の上には吹き出しの中に丸いものが描かれている。

印刷が小さくて、私は最初、吹き出しに何が描いてあるのかよくわからなかったのだが、よく見てみると、それは胎児だった。お母さんのお腹の中にいるように、頭を下にした赤ちゃん。

つまり、こういう意味の四コマだ。黒のファッションが女性たちの間で流行っているらしい。どうしてだろう？　それは、中絶した若い女性たちが喪に服しているからさ。

女性たちは作者のサトウサンペイ氏に抗議した。

「「黒の流行」イコール「中絶の横行」と結びつけるアイディアは、男の人にとって、おもしろい奇抜な風刺のように思えるかもしれません。サトウ氏もおそらく、何の悪気もなくペンをとられたのだと思います。しかし……」と。

中絶手術の自己決定権は女性の体を守るための、女性の権利だ。しかしこの時期は、優生保護法にある中絶許可条件から「経済的理由」を取って、実質的に中絶を非合法化しようとしている状況だった。こういった状況の中で、このように中絶を女性だけの問題に押し付けるような、中絶する女性を揶揄して貶めるような描写はしないでほしい、妊娠は一人ではできないのだから、と女性たちは訴えた。

ここからの展開が、現代と違って面白い。サトウ氏は抗議に返事をした。そこには、中絶を巡る法の改悪が行われようとしているとは知らなかったと書かれていた。そして彼女たちの訴えを聞き、自分も現行法は守られるべきだと思ったことを明言。ただし、一方でこうも書かれていたという。

ご指摘どおり、私は、あのマンガは「何の悪気もなくペンをとり」ました。しかし、「何の悪気もなくペンをとったもの」を新聞紙上で謝罪せよ、という考えはゆきすぎと思います。いかなる理由があろうと、いかなる時代であろうと、ゆきすぎと思います。

また、女性たちが助言を求めた朝日新聞の本多勝一編集委員からも、「〝謝罪せよ〟は不適切」とアドバイスがあったそうだ。「相手を敵に回すのではなく、こちらの主張を取り入れたマンガを書いてほしい、と要望してみてはどうか」と。最近は何か炎上があるとすぐに企業が謝罪文を出す。謝罪して撤回すれば終わり、というようなところがある。謝罪するという行為について、当時と今とでは感覚の違いがあるのかもしれない。

女性たちは本多編集委員のアドバイスに沿い、再度サトウ氏に手紙を送り、新たな四コマを描いてほしいと要望したそうだ。

サトウ氏はなんと、これに応えて、現行法が守られることを祈願するような内容の四コマを描いた。

女性たちはこの四コマを読んで、「批判を受け止め、四コマのマンガで答えてくれたサトウ氏の柔軟さには拍手を送りたい」と書いている。この章はこんな風に締めくくられる。

その後の「フジ三太郎」は女性の上司を登場させたり、真のフェミニストたらんとの努力も垣間見える。が、三太郎の視姦趣味は相変わらずだ。しかし、「ああまたか」とあきらめる前に声を上げよう。誰でも聴く耳を持っている。

こんな風に、批判の声をあげる側と批判される側が「対話」していた時代があったんだなあ、と思った。サトウ氏の中絶の四コマはゾッとするほどひどいけれど、再度描かれた四コマは、その悪印象を払拭するようなものだった。

謝罪は拒否したが、自分の認識の甘さや無知は認めたサトウ氏。謝罪を要求することをやめ、新たな提案をした女性たち。納得してそれを受け入れたサトウ氏。なるほどなあと思った。こういうこともあるのか、と。

ひどいなあと思う表現に出合うと、相手の意図を邪推してしまうことがある。たとえば、このフジ三太郎のケースだと、「もしかしてサトウ氏は〝改悪案〟に賛成だからこういう四コマを書いたんじゃないの？」と思ってしまったりしそうだ。

しかしサトウ氏は、改悪案のことはまったく知らなかったと言う。女性たちにとっての重大な関心ごとが、サトウ氏にとってはそうではなかった。そしてもし、サトウ氏が女性たちからの説明をきちんと聞かない人だったら、なぜこんな批判を受けるのかわからず「過剰な反応だし、洒落のわからない奴らだ」と切り捨てていただろう。対話はお互いへの誤解を解くために必要なものでもあるのだなとも思った。炎上ばかりの現代で、覚えておきたい歴史。

No means No 私の体は私のもの

二〇一六年十一月二十七日

十代の頃、友達のモモちゃんが彼氏に振られて泣いていた。彼から何度もエッチしたいと言われて、それを拒んでいたら振られた。

私たちは彼がモモちゃんにとって初めての恋人だったことを知っていた。彼のことを大事に思っていたから、そういうことはもっと先でいいと思っていたことを知ってた。

でも言った。モモちゃんを慰めながら言った。

「悲しいけど、男ってそういうもんなんだよ」

グループの中で特にみんなに頼られていたリョウちゃんも言った。

「すごく悲しいことだけどさあ、そう思っていなきゃいけないのかもしんない」

当時は通学電車でスカートの中に知らない人から手を入れられることが日常的に起こっていた。

二十代になってみんなが仕事を始めた頃、リョウちゃんがお酒を飲みながら話し始めた。

父親ぐらいの年齢の男性がいて、仕事場でその人と二人で飲んでいた。しばらくしてその人がリョウちゃんにキスしようとしてきた。仕事の面で尊敬の気持ちはあったけれど、既婚者であるその男性に対して、リョウちゃんは一切恋愛感情を持っていなかった。当然、相手もそうだと思っていた。

酔っ払っていたけど、抵抗した。でもその人の顔が近づいてきた後の記憶がない。覚えているのは、その人がドアを閉めて出て行く後ろ姿。

リョウちゃんがその男性の奥さんに話すと、これまで優しかった奥さんは突き放すように「あなたが誘ったんでしょう」と言ったそう。

その話を聞いた私たちはうつむいた。モモちゃんは困ったような顔をして黙っていた。

「ひどいね」

「ひどい」

「でも」

一人が言った。

「そういうのって、なんで一緒に飲んだのって言われちゃうんだよね。なんで気をつけなかったのって」

みんな口には出さないけれど、リョウちゃんが「二人で飲んでも大丈夫」と判断したことにミスがあるのだと思っていた。

私は二十代の前半の頃、着物を着てお座敷でお客さんにお酌するバイトをしていた。

ある日、トイレに立ったお客さんにおしぼりを渡すために廊下で待っていたとき、出てきたお客さんがいきなり顔を押し付けてきて、袖から手を入れて胸を触った。そんなことは数回あった。

抗議しなかったし誰にも言わなかった。記憶の底に押し込めばいいこと、水商売のアルバイトだから、しょうがないのだと思った。騒ぎ立てれば、「野暮」。面倒くさい女と思われると思った。

何年も経って性暴力のことを調べ始めて、ようやく私は、あの頃の自分たちに必要だった言葉を知った。

自分の体をどうするかは自分で決めること。他人から奪われるものではない。奪われそうになったら抗議していい。

相手の意図を読めなかった私が悪かったのかも。男の人はそう思って当然、自分に隙があった。水商売だからしょうがない。

そんな〝思い込み〟や、〝思い込まされ〟。

夫婦間や恋人の間にレイプはない、なぜなら性的なパートナーとしての契約を結んだのと同じだからとか、人前で泥酔したら襲われても仕方ないとか、性的なことで被害者ぶるのは自慢だとか。ハロウィンで派手な仮装をするのは痴漢してと言っているようなものとか、その場で声をあげなかったら受け入れていたのと同じとか。男性の性被害はないようなものとか。

それが常識、それが「大人の世界」に合わせることだと私たちは思っていた。誰かからはっきり教えられたわけではないけれど、世の中に散らばる情報の断片をつなぎ合わせて常識を読み取っていた。

でも、その常識って誰が決めたの？　誰が誰の都合のために作り上げた常識なの？　その常識が歴然とあるとして、それを変える話を今の私はしている。私の体は私のもの。その言葉だけを足掛かりにして。

「「イヤよイヤよは嫌なんです」性暴力被害者が前向きに生きられる日本に！」*署名に賛同し、あなたにシェアします。

＊　二〇一七年の性犯罪に関する刑法の改正に向け、「刑法性犯罪を変えよう！　プロジェクトChange Sex Crimes Law Project」が署名キャンペーンサイトChange.orgで署名を行った。署名のタイトルは「「イヤよイヤよは嫌なんです」性暴力被害者が前向きに生きられる日本に！」。内容を紹介する文章では、二十代の頃に職場の上司から関係を求められた女性のエピソードが紹介されている。署名の賛同者は五万四千四百二十二人。

もう一つの「死にたい」検索結果の話

二〇一六年十一月二十八日

「WELQ（ウェルク）」という、DeNAが運営しているヘルスケア系のキュレーションメディアが大層な問題になりつつある。問題になっている理由は、記事の質がよくないから。質がよくない記事ならインターネットにはそれこそゴマンとあるが、このメディアに皆さんが眉をひそめざるを得ない理由の一つは、検索対策が抜群で、いろんな単語で検索上位に来てしまっていることだ。たとえば、「癌」という病名とか、「死にたい」というシリアスな内容についても、このどこの誰が文責を持っているのかよくわからないサイトの記事が上位に来てしまう。

本当にあかんことだと思う。今や検索はライフライン。ネット上では特に、美容・健康・育児に関する情報に気をつけなければいけない印象がある。なぜなら、深刻に悩んでいる人が多い分野であり、それにつけ込もうとする人が多いから。WELQが出している情報って確か美容と健康と子育てと……。繰り返すが、検索はもはやインフラストラクチャー。自分や家族が生きる情報を探すために、希望を求めて検索をかける人たちがいる。そこで上位にヒットするのが、内容すっかすかの記事だったりする。そういうことを、自社の利益のためにやってしまった企業があるのだよね。今も問題を指摘し続けている方々に遠くからエールを。

さてところで。

皆さんは「痴漢」とか「レイプ」とかでＧｏｏｇｌｅ検索したことがあるだろうか。

検索した人なら知っているだろうが、この二つの単語で検索をかけると、一ページ目にはアダルトコンテンツが並ぶ（二〇一六年十一月時点）。

正直なことを言うと、私はこの検索結果にあまり驚かなかった。最初にこのキーワードで検索をかけたのはもうかなり前のことだと思うが、その頃からずっとこんな調子だったはずだ。十〜十五年前は、インターネットはまだまだ「たかがインターネット」だったから、そういう情報が上位にヒットするものだ、くらいのところがあった。それから二〇一六年まで、状況は変わっていないようだ。むしろ、当時よりもヒットするアダルトコンテンツは増えているかもしれない。

一応聞くが、皆さんは、「痴漢」や「レイプ」は被害者の存在する性犯罪だということをご存じだろうか。

以前、セクソロジーを教える村瀬幸浩先生に取材したとき、一橋大学などで授業を行っていた村瀬先生は、「レイプの話を授業でしたときに、男子大学生から「今までレイプをセックスのバリエーションの一つだと思っていた」というコメントがあった」と仰った。

この話を聞いたとき、いやさすがにまさかそれはありえんちょっと待ってでも怖いまじで……と思った[*1]。そこまで認識のとっ散らかった人が大学生の顔をしてその辺を歩いているのか、本当に？ と。

けれど、考えてみればこの話の信憑性は検索が証明している。「痴漢」「レイプ」で検索して得られる情報は、これらが性犯罪であることではない。被害者のための情報でもない。この言葉がアダルトコンテンツという娯楽の一つのカテゴリ、一つのジャンルであることだ。レイプは性犯罪である前に、アダルトコンテンツの一つのバリエーション。ＧｏｏｇｌｅさんやＹａｈｏｏ！さんはそう教えてくれる。

当たり前のようにこの検索結果を受け止めていた私は、「レイプをセックスのバリエーションの一つだと思っていた」男子大学生と、大して違わないのかもしれない。ちなみに今、「痴漢」でYahoo!検索したら、広告枠には「痴漢事件の解決実績多数。」「痴漢に強い弁護士。」という加害者のための弁護士サイトが表示された。

たとえば「飲酒運転」とか「強盗」とか「オレオレ詐欺」とかで検索した場合、こういった犯罪を見て楽しむ人のためのサイトは出てこない。「殺人」については猟奇殺人犯のまとめなどが出てきたりもするが、「痴漢」「レイプ」の比ではない。

性犯罪加害者の中には、「相手が誘ってきたからレイプしてあげた」「あの子は嫌がっていなかった」と思い込んでいる人がいるという。自分を正当化するような、認知の歪みがあると指摘する専門家もいる。レイプは性暴力であり、性犯罪。被害者の一人の言葉を借りれば「レイプはセックスではない」のだが、偉大な検索結果は、レイプをまるでセックスの一種であるかのように錯覚させる。これが加害者たちの認知の歪みを強化させてしまうのではないかと、私は心配でならない。

＊1　ちなみにその後、私が大学で性暴力の講義を行った際に、女子学生から「高校の頃まで、レイプはセックスのプレイを意味する言葉のひとつだと思っていた」というコメントがあった。

今年の三月に、「Girl's Supporter 集結イベント ～大人がホンキで10代20代女性の性被害に向き合う1日～」というイベントがあって、この前段として行われた勉強会に私も少し参加した。

そのディスカッションで私は「痴漢」と「レイプ」の検索結果が問題なんじゃないかという話を少しした。そうしたら、そのような話はもうすでに被害者支援の人たちの間で出ていたようで、「被害者の方たちは、「痴漢」「レイプ」「強姦」のような言葉で検索することは少ないかもしれない」と教えてもらった。

これはもう、なんで言われるまで気付かなかったのかと思うぐらい、その通りだと思う。被害者の中には、その被害を直視したくない人もいる。自分で「痴漢」「レイプ」というような文字を検索欄に打ち込むのは、それだけでとてもしんどいことだ。あとこれは取材をしていると実感することなのだが、被害に遭ってもそれを性被害だと認識していなかったり、認識するまでに時間がかかったりする人は割と多い。*2

それでは被害に遭った人たちを検索で助けるために、できることはあるのか。性犯罪被害に遭った人たちは、どういった言葉で検索をかけるか。

それは、「死にたい」ではないか。それが勉強会で出た意見だった。

十代二十代の女性からの相談を受けるNPO団体の方は、「死にたい」と電話をかけてくる女性たちの話をよく聞くと、今現在性暴力被害を受けていたり、過去にその経験があったりすることが多いことに気付いたという。

NPO法人BONDプロジェクトが行った「十代二十代の女の子の生と性に関する調査」（二〇一三年度）によれば、回答した十代二十代女性三百六十九名のうち、六七％が強姦、わいせつ、デートDV、痴漢などの性暴力を経験、その半数が自殺念慮を抱いていたという。

＊2　たとえば私も、自分が幼少期に受けた被害が「強制わいせつ」だったことに気付いたのは二十歳を過ぎてからだった。性被害についての無知だったり、直視したくない気持ちが働いたりすることによるのだが、これはこれで説明すると長くなるので別の機会に。また、被害に遭った人もさまざまなので、被害者の中にも実際「レイプ」で検索をかける人もいると思う。刑事事件としては立件できず、民事訴訟で訴えるために自分で動く人もいる。そんなときに加害者弁護の弁護士の方が先に表示されるのもまた、しんどいことだろうと思う。加害者弁護も仕事だからしょうがないこととはいえ。

「死にたい」の検索で性暴力支援の相談窓口が表示されていた時期があるとも聞いたのだが、これはぜひ、今後も続けてほしい試みだと思う。

ＷＥＬＱの件で憤りを覚えた方はぜひ、「痴漢」「レイプ」の検索結果や、もう一つの「死にたい」検索結果についても考えてみてほしいと思う。けれど、「叩く敵」がはっきりしているＷＥＬＱに比べて、こちらはなかなか難しいのかもしれない。自分が当たり前だと思って受け止めてきた情報に異を唱えられることに、寛容な人ばかりでもないからだ。

〈追記〉ＷＥＬＱ問題について、その後ＤｅＮＡは正式に謝罪。騒動の顚末については、『健康を食い物にするメディアたち　ネット時代の医療情報との付き合い方』（二〇一八年、朽木誠一郎／ディスカヴァー・トゥエンティワン）が詳しい。

外見をほめられたら必死で否定しなければいけないあの雰囲気について

二〇一六年十二月十日

年齢を取るごとに自分の外見に執着がなくなっていく。……なんてことはないから足しげく美容院に通ったりマツエクしたりダイエットに励んだり、ときにはエステに行ったりするのだけれど、一方で外見に対しての人からの評価については日に日にふんわりとどうーでも良くなっていく。

思えば遠い遠いローティーンの頃、初めて異性から「かわいい」と言われたとき、世界が一変したと感じるほどうれしかった。同時にそれは地獄の始まりで、他人のルックスと比較して怯えたり羨んだりすることの始まりでもあったわけだけれど、ひとたび思春期を越えて十数年たち、恋愛市場からも引退してみると、当時が懐かしく思えたりする。若い女の子はみんなキラキラしていてかわいいと思っている自分に驚くことがある。

人からの評価がどうーでもいいと書いたことについて、もうちょっと詳しく説明してみる。たぶん、生きているうちに「人は人、私は私」の気持ちがどんどん強くなったのだ。ことルックスに関して特に。子どもの頃に友達の家を羨ましがって、親から「よそはよそ、うちはうち」と言われたことのある人も多いと思う。あの頃、親が言っていたのと同じことを考えているなんて自分も年を取ったが、外見については本当に、人は人、私は私。

たとえば、同性の友達から「かわいいよねー。すごく好きな顔!」と言われるとする。でも、その友達の隣にいる別の友達は、(うーん、私はそんなに好きな顔じゃないかな!)という表情をしていたりする。そんなことってないだろうか。

逆に、友達の何人かが「かわいい」と言う友達やタレントについて、「私はそこまでかわいいと思わない」と思った経験は、誰でも何度かはあると思うのだ。

あとは、あるコミュニティではそれほど美人とは言われなかったのに、ほかのコミュニティで突然ウケる人というのは確実にいる。もちろん、どんなコミュニティでもモテる美人イケメンはいるわけだけども、そういう人たちだってルックスで測られる職業についた途端、「好きじゃない顔」とかどこの誰だか知らん人から言われたりするわけで。

美というものには思ったほど絶対的な基準はない。当たり前のことだけれど、十代で、家と学校の往復しかしていない頃には、なかなかそれに気づけない。

個人的なこれまでの体験では、自分の顔を好きだと言ってくれる人もいたけれど、同じくらい「そうでもない」人もいた。顔で嫌われたな、と感じる瞬間も何度かあった。一部の人から、私の顔は「生意気な女」「でしゃばり」みたいに思われることがある。そうでもないんだけどなと傷つくけれど、私自身も、外見で人の好き嫌いのみならず性格まで判断してしまいそうになることはやっぱりあるので、しょうがないなと思ったりする。世間評価とは別に苦手な外見ていうのはあるんだよね。それを相手に無闇に伝えてはいけないのは当たり前だけど。

いろんな人の趣味嗜好を知るたびに、いろんなカップルに出会うたびに、人の受け入れられ方、受け取られ方は多様なものだと気付く。それも成長のひとつ。

さて。それはさておき、外見をほめられたときに必死になって「そんなことないから！」と否定する、あの文化があまり好きじゃない。素直にありがとうでいいじゃん、と思う。ほめてくれたその人がそう思ったという事実なんだから、自分が自分のルックスをどう評価しているかは関係がない。ほめてくれたその人の気持ちをありがとうとかで受け取ればいい。*

実際に「そう思わない（自分のルックスを好きじゃない）」ならそう言ってもい

いかもしれないけど、なんか、謙遜を示すために自分を否定するという一連の所作があまり好きじゃない。

とはいうものの、私も正直、初対面の人からルックスをほめられたら「えっ、そんなことありません」って言ってしまう。すでに関係の深い人だったら笑って「ありがとう～」と言えるけれど、初対面の人には、なんだか無理だ。それはやっぱり、「ほめられたら否定するのがマナーであり美徳」「そんなことを言われたの初めてですという顔をするのが常識」みたいな刷り込みがあるからだと思う。ていうかそれ以上に、小中学校の頃に女子の間で言われて一番怖い陰口は「あの子、絶対自分のことかわいいと思ってるよねー！」だった。今になってみると、自分で自分のことをかわいいと思っていて何が悪いのか、まず自分を愛してこその平和だろうが！と思うのだが、当時の我らにはわからないこと。

女子小学生も高学年になると陰湿だよね、というだけの話ではない。男女問わず、自分の外見を認める人のことを人は嫌う。十年以上前のこと。テレビで男性司会者が、ゲストで来た女優のルックスをほめた。「近くで見るとますますきれいだねー」とかそんな普通のほめ言葉で、言われた女優は「ありがとうございます」と言ってさらっと受けた。そうしたら男性司会者が、「ありがとうって言うんだ～。否定しないんだね〜〜、ほ〜〜〜‼」みたいなことを言ったのだ。優れた女と書いて女優、ルックスを商売にする人であっても、「そんなことないです」と否定しなければならない、その茶番って一体なんなのか。

　あの女優にあって司会者になかったのは、「ルックスなんてほめたい人はほめればいいけど、大したことじゃない」という外見に対する程よい距離感じゃないだろうか。

　自分の見た目に折り合いをつけることも、人の見た目を過剰に言い立てないことも、大人の階段を上ることの一つだと思っている。たまーに、ネットのコメントで「この人、自分のことかわいいと思ってるんだねｗｗ」みたいなのを見ることがあり、それが男性のコメントだったりすることも多いんだけど、ずいぶん幼稚だなと思う。女性が幼い頃からルックス評価にさらされて、経験とともに外見に対して距離感を掴み始めるのに比べ、見た目評価をされることが女性より少ない男性は、そ

＊　無闇にルックスに触れられること自体イヤ、ルッキズムな世の中イヤという人もいると思うが、それはちょっと別のテーマの話なので横へ置く。人の外見を無闇にほめるのだって失礼、という話もそれはそれでわかる。その理解を進めるにはまだ日本は成熟していないよなあ、とも。

のへんのことに気付くのが遅い人が一部にいる気がする。一時期「※ただしイケメンに限る」というネットスラングがはやったけれど、女は小学校に入る前から「※ただし美人に限る」のせちがらさに気付いて生きてきてるよ。大人になってから気付くから余計慌てるんだろうか。その昔パフィーが歌った「とくするからだ」（奥田民生作詞作曲）の歌詞を思い出す。

〈追記〉二〇一七年六月、稲田朋美防衛相（当時）が国際会議の壇上で「グッドルッキング」と言ったことが波紋を呼んだ。報道によれば、一緒に壇上に上がった他国の女性政治家二人と自分について「私たちは共通点がある。みんな女性で同世代。そして全員がグッドルッキング」というような内容のことを言ったらしい。

朝日新聞の七月十日記事「稲田氏「グッドルッキング」に反発の声　メディア批判も」によれば、ルモンド紙（フランス）の女性記者は「まるで古くさい男性のようだった。女性である大臣自身が、女性差別的な発言をしたのに驚いた」と言ったという。記事によれば過去にはオバマ大統領（当時）も、女性司法長官の容姿を褒める発言をし、批判を浴びたことがあるそうだ。

けなすならわかるけど、褒めるのでもダメなの？　って反応がありそうだ。

もし自分から進んで「ミスコンテスト」やモデルのオーディションに出てきているのなら、見た目を評価されて当然かもしれない。でも、そういう場所でもないのに、勝手に他人から評価を下されるのって考えてみると変なことだ。オリンピックに出場するアスリートの偏差値を比べたり、将棋の棋士が五〇メートル何秒で走れるかなんて誰も比べないのに、ルックスについては当たり前のように感想を言う。そこにルックスがあるというだけで。

公の場での外見についての言及。けなすことはもちろん、褒めることであっても顰蹙を買うことがある。もちろん男性の容姿についても同じ。この認識は、日本ではまだ理解されづらいところがありそうだ。

警察行く行かないの話＆行っても意味ないのかとかの話

二〇一六年十二月十日

改正法では、相手から拒まれているのにSNSやブログにメッセージを送ったり書き込んだりし続ける行為が、規制対象に追加された。東京都小金井市で今年5月、音楽活動をしている女子大学生が男に刃物で襲われた事件で、大学生はツイッターなどへの男の執拗な書き込みについて警察庁に相談していた。現行法ではメッセージの内容に違法性がなければ取り締まれないことなどを受けて検討された内容だ。（朝日新聞デジタル二〇一六年十二月六日「ストーカー規制、SNSも対象　罰則強化の改正法が成立」）

二〇一六年五月に起こった、シンガーソングライターの女性が刺された事件を受けての改正。こうして事件が起こってからでなければなかなか法が変わらないのが歯がゆいけれど、事件が起こってから約半年での改正というスピードには驚いた。

性暴力に関する記事を書くようになってから、男女間のトラブルについて相談を受けることが増えた。「男女間のトラブル」というと、痴話げんかっぽい、大したことないニュアンスになってしまうけど、その内容はファンと思われる人からの殺害予告だったり、元カレからのつきまといだったり、ＤＶだったり、知らない人からの強制わいせつ未遂だったり。

元カレから殺害予告を受けていても「痴話げんかと思われそう」という理由で警察へ行っていない人もいて、そういう場合は通報を勧めるのだが、ひどいのは相談してもまともに対応されない例もあること（警視庁のＨＰには「殺害予告についてはすぐ１１０番通報してください」という案内があるのだけれど）。

殺害予告にしても、ＤＶにしても、強制わいせつ未遂にしてもそう。

私は、自分がこれまでに何度か警察に相談した際は、ほぼ納得いく対応を取ってもらっている。同じように、警察に相談してその対応に満足しているという人からも話を聞いたことがある。だから警察の対応が全て杜撰だというつもりはもちろんないのだけど、中には「なんでそんな対応するの⁉」「マジで現代日本の警察が⁉」と頭を抱えてしまうような話もあった。本当に残念なことだけど。

ついさっきもツイッターで「警察に相談しても無駄」という内容を自身の体験を

交えて語っている人を見て、これまで私が受けた相談の内容をつくづく思いだした。本当にそうなんだよね。強制わいせつ未遂の被害を受けて、咄嗟に相手をスマホで撮影した未成年が「犯人を撮影するなんて危ないからやめなさい」と言われただけで帰された話を聞いたことがある。後日、保護者と一緒に行ったら対応されたそうだ。交際相手からのDVを通報して警察官からひどい対応をされた女性が、後日別の警察官にそれを話したら、「その警察官の名前は？　ああ、あの人か……（苦笑）」と言われたという話も聞いたことがある。

相談した際にどんな警察官が出てくるかって結構運次第なところがある。日本の警察は世界一優秀だと言われるが、一般の人がイメージするよりも、警察の対応は属人性が高いような気がしている。個々の相談の際に、一般人が考えるほど組織として対応が徹底されているわけではなく、対応した警察官個人の資質が悪く出てしまうケースがある。医者でも弁護士でもそうだけど、命だとか法に関わる仕事をしている専門家の言うことであっても、答えや対応は一つではない。

被害自体もツラいけど、被害を打ち明けたり相談した相手に「大したことじゃないでしょ」と言われるとか門前払いとか、「あなたにも非があるのでは？」みたいな対応を取られてしまうと、余計に傷が広がる。世の中から見捨てられた、孤立無援な気持ちになってしまう。自分を否定されたように感じてしまう。そういう例をいくつも知っているので、なんとかこういう二次被害を減らしていきたい。各警察署に相談・通報した際の対応を五段階評価してネット上で閲覧できる、「警察の食べログ」みたいなのができないものだろうかとも思っている。

参考までに、私がこれまでに見聞きしたり経験した範囲内での推測ではあるが、警察へ相談する際のポイントを書いておく。

・一人で行かない方がいい。
・できれば年長者、女性の場合はできれば信頼できる男性に同行してもらい、その人からも事情を説明してもらった方がいい。男女関係の相談の場合は特に。
・相手が警察官だからといって、ヒアリング能力についてあまり期待しすぎない方がいい。自分で時系列を紙にまとめておいたりするのも大事。
・ネットの書き込みやメールはスマホで見せるのも必要だけどプリントアウトもしておいた方がいい。

上記をＦａｃｅｂｏｏｋに書いたら、知人の女性が「管轄の警察署に、電話で概要を話し、来署日時を予約してから行くと、専門の男女両刑事が比較的きちんと話を聞いてくれるケースが多いようです」と教えてくれた。

さて……

今書いたような、警察へ相談する際のポイント。こういう情報って有用だから、共有する場があればいいなあと思う。でも一方で、疑問を感じる人もいるだろう。

どうして、女性一人の相談よりも、男性が付き添っての相談の方が信用されやすいのか？　年少者だけの相談だとまともに取り合ってもらえないのはなぜ？　そういう対応を許している構造がおかしいのでは？　その構造こそ変わらなければいけないのに、どうしてこちらが警察に合わせなければいけないのか。

もっともだと思う。私もそう思う。私は以前、出演するイベントに妨害予告をされて警察に相談に行ったとき、共同経営者の男性に付き添ってもらった。それは、私一人で行くよりも、彼が一緒に事実を話した方が確実に話の信ぴょう性が上がり、緊迫感が伝わると思ったからだ。もし共同経営者が男性ではなかったら、夫に付き添ってもらったかもしれない。でもそのとき、これは女性よりも男性の話の方が信用されやすい構造を私自身が認めているようなものだなと思った。その現状を肯定していることにすらなるのかもしれないとも思った。

「来署日時を予約してから行く」ことを教えてくれた女性も、「男性の同行は必須」と言っていた。なんなんだろう、これは。明らかにおかしい。

でもおかしいと思いつつも、私は同じような相談を受けたら、やっぱり「できれば男性に同行してもらった方がいい」と言うだろう。目の前の傷ついている人に、「構造に立ち向かうために一人で（もしくは女だけで）警察へ行け」「信用されなかったら抗議しろ」なんて言ったら意味がわからない。それはその人をさらに傷つける行為だ。

二〇一六年末にYahoo!ニュース個人「年間アワード」を受賞した社会活動家の湯浅誠さんは、受賞スピーチ*の中で「社会活動家は一人三役」「対個人、対社会、対政治のアプローチが必要」と仰った。

社会問題について問題提起し、改善していくためには対個人、対社会、対政治へのアプローチが必要だ。難しいのは、その三つに対するアプローチがそれぞれ異なり、ときとして対立する動きになりかねないこと。湯浅さんのように一人三役を兼ねている人だけではなく、対個人を主に担う人、対社会を担う人……それぞれが別

＊「湯浅誠　受賞スピーチ」などで検索すると全文を引用した記事がヒットする。

のこともある。そこで対立してしまうことがある。

個人に対しては「男性に付き添ってもらった方が相談を速やかに受け止めてもらいやすい」というアドバイスが必要な現状がある。でも社会に対しては、「年齢が若い人や女性だけの相談は信用されづらいという状況を変えていかなければいけない」と訴えないといけない。

こういう状況は、さまざまな現場であることだと思う。大切なのは、各ポジションが向き合っているのが誰（どこ）かを理解し、それぞれの立場を尊重することだろう。同じ問題意識を抱える人同士で対立してしまうのは本当にもったいないことで、その対立はその問題に関心のない人からはこわいものに映り、「なんだかあの問題に関わるのはややこしそうだからやめておこう」になってしまう。

それぞれの思いが強いだけに曲げられないところもある。同じ問題に取り組む上でお互いに肯定的無視が必要な局面もたぶんあって、でもいずれは手を取り合えるようになるといいなと思っている。そういう未来はきっとある。ああ、そろそろクリスマス。

※女性一人で相談に行って、きちんと丁寧に対応されたという話も聞いたことはあ

る。ここで書いたことは警察の対応全てではなく、あくまで私が知っている範囲内での傾向と対策であるということを重ねて書いておきます。

〈文庫版追記〉その後の私は、よりややこしい案件を抱えて、弁護士さんに同行してもらって何度か警察へ行った。納得いく対応だったことも、そうでないこともあった。弁護士さんには当然、お金を支払う必要がある。自分が「被害」を受けているのに踏んだり蹴ったりだと思うけど、フェミニストを名乗って活動している者の必要経費として仕方ない（のだろうか）。

死と型

二〇一七年一月六日

かかる小さき　墓で足る死の　さはやかに（岡本眸）

ここ数年、新年になるとこの句を思い出す。「さわやか」は秋の季語なので新年に関係があるわけではないのだが、七〜八年ほど前にこの句を初めて知ったのがちょうど新年だったのだ。それから新年にあたって「死」を考えるのが、ちょっとした癖になっている。

この句の作者にはほかに、「衣被　末に生まれて　遺りけり」という句もある。親兄弟、夫を先に亡くし、夫との間に子どもはいなかった。

人生、終わってしまえばこんな小さな墓で足りる。そんな感慨を「さわやか（旧仮名で〝さはやか〟）」という季語で括る。「さわやか」は、現代では使い古された感もある形容動詞だが、『角川俳句大歳時記（秋）』によれば「さっぱりとして気分のよいさま、気持ちよくすがすがしいさま」とある。「はっきりしているさまという語意から、秋の大気の特色を表す季語として用いられてきた」（引用）。「小さき」は、ここでは「ちさき」と読む。

「死」という虚無。「墓」という終わり。対峙する自分。そこへ「さはやか」という、「秋風が吹くここちよさ」を表す簡潔な季語を置く潔さ。その清新な句のたたずまいに、まるで心身が整うような気持ちがする。

「死」を傍らから眺めるような、「死」の少し脇で軽く笑っているような。その笑いは恐れでもなければ諦めでもない。年齢を重ねた人だけが持つ、「死」との程よい距離感がそこにはあるような気がする。

二〇一六年の秋から冬にかけて、ニュースでは一人の若い女性の顔が頻繁に映し出された。高橋まつりさん。大手広告代理店で働いて、働き過ぎて、自ら命を絶ってしまったという彼女の写真。その多くは笑っていて明るかった。

よく見かけた一枚に、背景が薄いピンクの写真があった。最初に見たときに何だか違和感があって、テレビ番組が勝手に合成したピンク色なのかと思った。でもそのうちに他の局や新聞の報道でもあのピンク色の写真が使われるのを見るようになり、ようやく私は気付いた。あのグラデーションがかった背景は、恐らく遺影の際に合成したものだ。あの笑顔の写真は彼女の遺影だったのだろう。

一つの型に収められた死。

二十代の終わり頃、大学の後輩が亡くなった。新婚旅行中に体調の異変に気付き、帰ってから検査を繰り返して病気がわかって、一年半ほど闘病した後の死だった。彼女はウェディングドレス姿で遺影の中にいた。背景との合成があまりうまくいった写真ではなかった。いろんなものが形式や常識から自由になっていく時代で、遺影ってどうしてわざわざ背景を無理矢理消して合成するんだろう、変なのに。でもそれでいいんだとも思った。理不尽だとしか思えない死を前にして完璧な遺影に何の意味があるのか。

喪主の挨拶をした彼女の結婚相手だった男性の目には誰も映ってないみたいだった。取りあえず挨拶をするけれど、心はここにない。それを隠していなかった。短くて誰に訴えかけることもない、まったく正しい挨拶だった。

夫の親戚で若くして癌で亡くなった男性がいる。妻と小さな女の子二人を残して、三十代前半だった。当時、私はまだ夫と結婚していなかったのでお通夜にも葬儀にも出ていないのだけど、香典返しの中にあったお連れ合いからの挨拶は今も家に置いてあって、時々読み返す。

たぶんそれは、彼女が書いた文章ではないのだと思う。葬儀場が作成した文章の型があって、そこにいくつかのエピソードをはめたもの。「〜〜だったあなた」「〜〜をしてくれたあなた」「今はもういないけれど」「娘と三人、うつむかないでしっかりと前を見て歩いていきます」。

亡くなった夫に感謝をして、しっかりと前を見て歩いていくこと。それが挨拶の文章で求められている型。本当はまだ彼女は悲しみの中にいるのだろうし、前を向こうと思う日もあれば、そうでない日もあるのだと思う。夫婦の思い出は、美しいものだけじゃなかったかもしれない（というか普通そうだろう）。でもそういうことは、用意された型の中で語られない。

武田砂鉄さんはデビュー作の『紋切型社会』（二〇一五年、新潮社）の中で、昨今の結婚式の挨拶で行われる紋切型の白々しさについて書いている。人を無理矢理感動させようとする紋切型の滑稽さ。

葬儀というものも、型の中で行われている。本来、型の中に収まらないものを収めようとするから違和感がある。でも結婚式と違って、葬儀ではその違和感に白けることはない。むしろその違和感が必要で、違和感こそが正しいのだと思う。

かかる小さき　墓で足る死の　さはやかに　（岡本眸）

揺らぎなく死と対峙するこの一句は、「五・七・五」で成り立っていない。最初の五音が六音になっていて、だからこそ「墓」という言葉にたどり着くまでに凄みがある。

型と、そこに収まらない死。それでも用意される型と、はみ出していく力。有限の生と無限の死を思う。

子どもにとっての強者

二〇一七年二月十九日

一月末に、熊谷俊人市長がFacebook上で書いた、「「男性保育士が娘の着替えや排泄をして欲しくない」という意見の背景について」*が議論を巻き起こしていたが、この件が「男性保育士への偏見を持つな」だけの話で終わってしまうのならとても残念だと思っている。

熊谷市長は投稿で「男性保育士を行為から排除するよりも、性差を問わず相互チェックが働く体制になっているかの議論が本質ではないでしょうか。これは大変重要な点なので、もっとこちらの議論を深めるべきと思います」とも書いてる。大人たちが子どもを守るために考えないといけないのはこちらでしょう、と思う。ここ

* 二〇一七年一月二十三日、千葉市の熊谷俊人市長がFacebookに、「「男性保育士が娘の着替えや排泄をして欲しくない」という意見の背景について」という文章を投稿。これはこの前に市長がツイッター上で「男性保育士活躍増進プランを策定しました」とつぶやいたことに対する反応を受けてのことだった。

にどれだけの人が注目したのか。マスコミは教育にも子育てにも性被害にも関心のないコメンテーターに「（一部の親たちの）気にしすぎ」とかＹａｈｏｏ！ニュースのコメント欄みたいなセリフ語らせてる場合じゃないでしょ。

私は保育園育ちで、男性保育士に対して以前に「保育園」に対しての偏見があることは子どもの頃から感じていた。三十年も前のことだから、今よりも露骨に「低所得層の子どもが行くところ」「子どもに手をかけられない家が利用する場所」って雰囲気があった。

同じく保育園出身者である高校の友人もブログで「今でこそ、「保活」なんて言葉が飛び交っていますが、（略）「保育園」ってなんかちょっとだけネガティブなイメージを持たれていました」って書いていたんだけど、本当そうだったんだよ。

だから、保育現場の人とか、保育園の経営者が「男性保育士に偏見を持たないで。彼らは頑張っている」って言いたくなる気持ちは多少わかる。偏見を持たれてきた過去があるから。その偏見は、同じ教育関係者からもあり、待機児童問題で幼稚園の空きスペースを使えないものかと協力を仰ぎたいのに、「幼稚園は教育施設、保育園は福祉施設。保育園と一緒にされたら困る」みたいなことを言う幼稚園関係者がいるって話を聞いたとき、私は放送禁止用語を口走りそうになった。

しかし一方で、男性保育士（または保育園）に「偏見を持つな」って話と、子どもの安全を大人がどう守るかについては、切り離して考えなくてはならない。保育園関係者が「偏見を持たれたくない」と思う気持ちと、預かる子どもの安全に対しての責任は別の話のはずだ。

二〇一五年末に神奈川県平塚市の無認可保育所で乳児が死亡した事件があり、逮捕された男性保育士は、その後、少なくとも九人の女児の衣服を脱がせ撮影していた疑いがあることがわかった。この事件より前にも後にも、保育士の起こした事件は複数報じられている。

多くの暴力と同じように、性暴力も強い者から弱い者に対して行われる。逆に言えば、上司と部下、先輩と後輩、教師と生徒、保育士と園児、親と子といった強弱の構造がある場所では、性暴力やセクハラを含む暴力が起こりやすい。「性」のつく事件は、一部の変態だけが起こすと思われがちだけど、そうではない。

自分が人より「上」の立場に立ってしまったときに、「下」にいる人を、支配しようとしたり操作しようとしたりしてしまう気持ちは、恐らく誰にでもある。言うことを簡単に聞かせやすい場所で、自分の支配欲や暴力性に気付いた経験のある人は男女関係なく少なくないと思う。そして教育機関は、大人と子どもという力の差がある個体が集まる密室性の高い場所だ。

小中学校や高校、大学でも、教師から児童・生徒・学生への性的暴力は、残念ながら起こっている。しかしこういった事件があっても「男性教師に女子生徒の指導をさせるな」なんて話にはならない。だから、男性保育士が起こした事件があったとしても、「男性保育士に着替えをさせるな」とか「男性は保育士に向かない」って意見は極端だと思う。

しかし、子どもが幼ければ幼いほど、性被害に遭ったときに本人が被害に気付かなかったり、気付いても親に言えなかったりすることがある。さらに、親に言っても信用されなかったり、男児の場合は特におおごとだと思われなかったりすることもある。親が訴えても子どもの勘違いではないかと言われたり、証拠がないために処分が見送られることもある。

男性保育士を疑えということではなく、強い者と弱い者が接する場所では何らかの暴力行為が発生しやすいことを大前提として、システムを考えなくてはいけないと思う。子どもが子どもであればあるほど、問題が発覚しないリスクは高い。「男性保育士に偏見を持つな」はその通りなんだけれど、「ほとんどがいい人なんだから、一部の過剰反応を気にして対処する必要はない」ことにするのは大人の責任放棄だ。

たとえば、男性医師が乳がん検診を触診で行う際、女性看護師など第三者を同席させることが推奨されているという。

男性医師は、女性の診察の際には「密室で二人きりにならないこと」「女性看護師を同席させること」をせよと習います。それは、患者さんへの配慮をすることのほかに、「何かされた」と訴えられたら証拠がないので医師自身の身を守れないからという意味もあります。（Ｙａｈｏｏ！ニュース個人〈医師わいせつ逮捕事件〉本当にわいせつ行為はあったのか？医師の視点／中山祐次郎）

私がかかりつけの婦人科で乳がん検診を受けるときも、確かに女性看護師がそばにいる。

中山医師は「「女性看護師を同席させること」を一〇〇％行うのは、現場の多忙さから考えて極めて実現困難」とも書いていて、それは保育士の現場でも同じだと思うけれど、そうであっても、こういった意識の共有が現場であるとないとでは大違いだと思う。「男性保育士に偏見を持たないで」って言うのと同時に、こういう意識を持って子どもを守る（同時に保育士を冤罪から守る）ことも必要では？　次に引用する、保育事情に詳しいジャーナリスト猪熊弘子さんの指摘こそ重要。

たとえば、イギリスの保育現場では、保育従事者として働きたい人に対しては、必ず「前科」を調べることが法律で義務づけられています。これまでに何か子どもへの問題を起こしていないか、子どもに関わることが禁じられている人ではないか、確実に犯罪歴を調べ、その結果がクリアにならなければ、子どもに関わる仕事に就くことができません。海外から移住してきた人については、海外での以前の犯罪歴まで確実に調べられます。

日本ではそういった仕組みがないことが問題です。基本的に日本では「子ども好きな人はいい人」というような漠然とした性善説で保育が続けられてきており、子どもにとって危険な人を調べ、排除する仕組みが全くありません。男性を排除するのではなく、「危険な人」を排除する仕組みを作ることが早急に求められます。資格更新の仕組みなどを設けて、問題があった場合には排除していくことも必要です。そうでなければ、男性、女性に関わらず、子どもに関わってはいけない人を排除できないのです。（Ｙａｈｏｏ！ニュース個人「男性漠然と、「日本は安全だし、子どもが守られるシステムが成り立っているはずだ」と思っている人も多いのではないかと思う。でもそうではないし、子どもは「変だ」と思っても、なかなか声に出せない。

私がいた認可保育園では、お昼寝のときに寝ないで騒いでいる子がいると、保育士さんが子どものズボンもパンツもおろしてお尻を十回ぐらい叩く、というお仕置きがあった。一人の保育士さんだけがそれをしていたわけではなくて、保育園全体の習慣だった。

保育士さんたちに「性的な意図」があったわけではないと思う。けれど、当時の保育士さんたちに「子どもと性」とか「体罰」とか「性虐待」について適切な指導がなされていたともやっぱり思えない。私は保育園が好きな子どもだったし、保育士さんたちのことも好きだったけれど、あのお仕置きについては今でも変だと思う。

この話を、教育の専門家とか性暴力に詳しい人に話してみると、やっぱり「それはいけないこと」と言われる。驚かれる。言葉を選んで「保育士さんに性的な意図がなかったのであったとしても体罰であることには違いない」と言う人もいる。昔は体罰にしても子どもへの性加害にしても今よりもずっとゆるかったんだろうが、ああいう習慣が「日常」になってしまうような閉鎖性は教育機関の構造がはじめから持ってしまっているものだと思う。そこに大人がどれほど自覚的になれるか。

高校のときに私は水泳部のマネージャーだったのだが、それまで全く指導なんてしていなかった顧問の男性教師が「トレーニングしたい」と言って一番タイムの遅い女子たちのレーンで、メニューをこなす女子の後ろを泳いでいた時期があった。シュノーケルをつけて。

「キモい」と思ったが、同時に「まさかエロ目的ではないよね?」「曲がりなりにも教師だし」「こんなことを考える自分がおかしいのでは」と大人への相談をためらう気持ちがあった。卒業後に女性教師に話したら「あいつスケベだもんね!」と言われ、「知ってたならどうにかしてくれ」と思った。他にも小学校から中学まで通っていた塾で、アルバイトしていた大学生が女子に対してだけ妙に首とか肩とか髪を後ろからべたべた触ってきて気持ち悪かったとか(これは塾長にみんなで話して、塾長から注意してもらった)、いくつかこういうのはある。

「子どもを子ども扱いするな」っていう言葉は場面によっては正しいけれど、構造の中で子どもは明らかに弱者なので、そこは大人が子どもに気を遣わないと、自分たちに都合の良い構造を強化してしまうだけ。気を付けよう、いつの間にか自分は強者側だった、ということは誰にでも起こり得る。

〈追記〉二〇一七年八月、教え子の小学生への強制わいせつ容疑で愛知県警に逮捕された臨時講師の男が、四年前に埼玉県で児童買春・児童ポルノ禁止法違反で罰金の略式命令を受けていたことがわかった。男は改名しており、埼玉県の事件の二年後には教壇に立っていた。採用を担当した市の教育委員会は「(犯罪歴を)知っていたら任用していなかっただろう」と報道機関に回答している。

その後、二〇一七年九月に、わいせつ事件などで処分を受けた教員の処分歴を共有できる仕組みづくりを文科省がスタートすることを発表した。二〇二〇年度までには運用を始める方針という。保育士に関しても、こういった取り組みは行われることになるだろうか。

〈文庫版追記〉二〇二四年六月に「こども性暴力防止法」が成立。子どもに接する仕事をする人に性犯罪歴がないかを確認する、日本版DBSが導入されることとなったが、塾や学童保育、ベビーシッターなどは「義務化」の対象となっていないことなど、問題が残ることが指摘されている。

取材と暴力

二〇一七年五月十五日

ここ数年、性暴力の取材をメインテーマにしていて、特に今年に入ってからはほとんど性犯罪・性暴力関連の取材ばかりしている。なかでも注目しているテーマの一つに「性暴力と報道」がある。

「性暴力と報道　対話の会」という小さな集まりがある。これは被害当事者と、報道する側であるマスコミ関係者が集まり、性暴力の報道について考える会。この会が始まった理由は、取材によって被害当事者が傷ついたり記者にもっと性暴力について勉強してほしいと思うケースがあったこと、そしてまた報道側にも戸惑いや葛藤があると取材を受ける側が知ったこと。両者が意見を言い合う場を設けることで、より良い「性暴力の報道」を模索していければという意図がある。

性暴力被害なんて、報道しなければいいじゃないか、当事者にとって取材を受けるのはとてもつらいことなのだから、と思う人もいるかもしれない。もちろん、取材を受けたくない被害者に強引に取材を行うことはあってはいけない。

けれど、性暴力被害を受けた人たちの中には、「今後の被害を防ぐために報じてほしい」と思っている人たちもいる。

「取材によって傷ついた」というと、無理矢理取材されて嫌だったというようなケースを想像する人が多いかもしれないが、中には「せっかく話したのにほとんど取り上げてもらえなかった」「記者が遠慮していて話しづらかった」というようなケースもある。

性暴力の被害は社会から隠されがちだ。それは被害者保護のためであることも多いけれど、被害を隠すことは同時に「加害者のため」にもなってしまう。また、性犯罪の被害者ケアの現場に予算がつかないことは社会的な関心が薄いことと無関係ではない。*知られたくない、忘れたい、でも報じられなければならなかったことになっ

＊　たとえば、性暴力のワンストップ支援センターの設置促進を目的とした支援交付金は、二〇一八年度は一億八千七百万円。前年度より二千四百万円ほど増額となったが、それでも支援センター一カ所につき約四百六十七万円ほどでしかない。〈文庫版追記〉二〇二四年度には四億九千三百万円に増額されたが、看護師や医師の人件費は補助金の対象外となっており、「大阪ＳＡＣＨＩＣＯ」など病院処点型のワンストップ支援センターの中には運営難に陥るセンターもある。

てしまう。だからこそあえて名前と顔を公開して被害を語る人がいる。マスゴミマスゴミって言われるけれど、マスコミの中にも誠実な人はもちろんいて、報道の力を的確に使うために努力し、隅に追いやられた人の声を拾い上げるために取材をしていたりする。両者の出会いが発展的なものになるように、「対話の会」はある。「性暴力と報道 対話の会」は、「性暴力取材のためのガイドブック」をウェブ上で公開している。この中には、取材を受ける当事者と、取材するマスコミ両方に対しての注意点が書かれている。

「被害者・サバイバーが取材を受けるときの確認リスト」の中に、こんな項目がある。

取材後は様々な影響があると思います。自分の気持ちを文字や絵で表現する、信頼できる人や、仲間と話す、セラピーを受けるなどをして自分自身のケアに努めましょう。

取材後、そして報道された後、実際に覚悟を決めて取材に挑んでいても、自分でも予想しない気持ちの変化が起こることがある。私が取材したあるメディアの人はこんな風に話していた。

「その人に現在頼れる人がそばにいるかどうか。取材にOKしてくださっているとはいえ、被害体験を話すのはストレスになることです。また取材時に問題なかったとしても、番組が放送されたときに精神的に崩れてしまうことはあり得ます。そうなったときに自分は支援の専門職ではないので何かできるわけではありません。同居している人がいるか、支援を受けているか、適切な医療機関とつながっているか、異変に気付ける人がそばにいるかを確認するようにしていました」（筆者Yahoo!ニュース個人〈性犯罪報道〉自粛だけではなく「理解ある報道を」ノウハウの蓄積を求める声も）

少し前、海外メディアの記者から取材を受けた。それが最近翻訳されてクーリエジャポンに載った。

前置きが長くなったが何が言いたいかというと、これが意外に精神的に揺さぶられたということだ。自分が普段取材する立場だし、取材する側の事情もわかるから、どのように取材・報道されたとしてもそれは想定の範囲内だと思っていた。そしたらわりとそうでもなかった（↑これはかっこわらいをつけるくらいのニュアンスで読んでもらいたい）。

取材は、私のオフィスで受けた。通訳を挟んでの取材だったので結構時間がかかって、三時間以上話していたと思う。同じ仕事をしているからっていうのもあるかもしれないけれど、私は記者と通訳の方の誠実さを信頼して話すことができた。

取材の後、帰国した記者の方から補足の質問が来て、何度かメールのやり取りをした。私は英語が得意ではないので、うまく意味が伝わらないこともあり、その分やり取りが長引いた。

三月八日の国際女性デーに合わせて記事が公開された。この記事が公開されてちょっとびっくりしたのは、一行目から私の名前が出ていること。取材を受けた経緯としては、知人の紹介だった。知人が先に取材を受けて、それから東京で取材をしたらいいかもしれない人物として私の名前を記者の方に伝えてくれた。

そんなわけで、私はてっきり知人がメインの記事だと思っていた。そして性暴力を取材するライターとして取材を受けたつもりだったので、自分の被害についてを記事冒頭からはっきりと書かれると思わなかった。それは私の勝手な思い込みで、自分も報じる側だからそういったことがあると予測しなければならなかったことなんだけど、逆に言えばライターの私でさえこのような思い込みをする（そして少なからず驚く）のだから、そうではない人がどんな記事ができあがるのかを予測するのは相当難しいだろう。記者の方も、始めからどんな記事にするか決まっていたわけではなく、複数人への取材が完了してから構成を決めたのだと思う。

とはいえ、記事は英語だったので、そこまで衝撃が大きくなかった。クーリエジャポンで翻訳記事が出ることを聞いたのは先週のことだ。通訳を務めてくれた人と偶然会うことになって、その席で「そういえば、あの記事が今度クーリエで翻訳されるよ」と聞かされた。

私のちょっと驚いた顔を見逃さなかったその人は、「ごめんなさい。突然言って驚かせてしまった」と謝ってくれた。日本語で記事が出ることに抵抗がなかったと言えば嘘になる。被害を国内で語ればいろんな反響がある。聞きたくないような辛辣なことをわざわざDMで送ってくる人もいる。その覚悟ができているかといえばそうではなかった。以前、日本の新聞から性暴力被害について取材を受けたことがあるが、その際は扱いが小さく被害内容が詳しく書かれているということもなかったので、特に何か思うこともなかった。でも今回は、被害の内容と私の顔写真が一緒に載った。

翻訳された日本語の記事はさらっとしか読んでいない。人の手で描写された被害内容はとても生々しい感じがした。自分の文章で自分の被害を書くことと、他人が私の被害を描写することは全然違うのだと思った。たぶん自分で自分の被害を書くときは、事実をそのまま伝えようと努力するけど、まだどこかで自分を守るように表現しているのだと思う。

一方で、自分で表現する方が細かく的確に描写してきたとも思う。記事の中の描写は概要をストレートにかいつまんで書いている。被害が一般化されて、ありきたりな「文字」になっているとも思った。これは英文が翻訳されて、取材者の思いが文章に反映されづらくなっているからということもあるのだろう。自分の被害なのに、どこかの誰かが受けたような、遠いところで起こっている描写のようにも感じた。ひどいことをされた子どもがいる。背筋のあたりが軋むように感じる。

細かいことを言えば、どの段階で誤解があったのかはわからないのだが、クーリエの記事には小学生の私がキュロットをパンツごと「ずり下げられた」と書いてある。これは間違いで、実際は「めくりあげられた」が正しい。そして押し付けられたのは「下腹部」と書いてあるが、事実は勃起した性器だ（元の記事では“himself”と書いてある）。

被害をストレートに書かれて驚いたことと矛盾しているけれど、ここまで書くのであれば性器ぐらいぼかさなくてもいいよ、と思った。下腹部って書くと中には本当に「下腹」って思って、被害を軽視する人がいるかもしれない。そういえば、弁護士が性器を切断された事件でも「下腹部」って報道がされてたなあと思い出した。

歩きながら記事のことを考えているうちに、あーあもう死にたいなと思った。これはずり下げられたパンツとか下腹部とかとは関係ない。

死にたいを分析してみる。まず、これを読んで同情を買いたい女と思われることへの拒否感。いつまで昔のことぐだぐだ言ってんだよ、真面目ぶって暗い話するな、レイプされたわけでもないのに、昔のことといつまでも言うならちょっとは人の役に立つことすれば？　性犯罪被害者に決して言ってはいけない言葉を自分で自分に言ってる。バカなんじゃないの？　役に立たない女。もっと早くに死んでおけばよかったのに。

説明が少し長くなる。

私はずっと被害に遭った自分を憎む気持ちがあった。なんで逃げられなかったのか。なんで抵抗しなかったのか。相手のことを蹴ったり、ふざけんなと怒鳴ったりできなかったのか。ただ加害されて何もできない人間。生きてて意味あるの？　あなたのことが私はすごく嫌い。

嫌いな人間、虐めたい人間に嫌いと言うとスカッとする。だから自分に「嫌い」という言葉を突きつけたり、嫌っている証拠に自分の体を傷つけると気持ちがいい気がする。そういう時期があった。

でも年を取るにつれ、まず小学校の頃の自分を許せるようになった。大人になった私から見て、小学生は当たり前だけど子どもだ。あまりにも小さくて頼りない、かよわい存在。そしてまぶしいほど未来を感じる存在。未来への希望や好奇心や不安や夢のつまった存在。こんな時期に私は被害を受けたんだ。

かわいそうに。

客観的にそう感じた。加害者が悪い。怯えて当たり前。インナーチャイルドだっけ、自分の中の小さな自分を抱きしめるイメージをするというカウンセリング方法があるらしいけれど、私は小学生の頃の自分に「大丈夫だよ」と何度も言った。バカみたいと思われるかもしれないけれど、体育座りしている小学生の自分をイメージして「もう大丈夫だよ」と言った。何回も何日も。

高校生の自分のことはかなり長い間許せなかった。高校生の私の体はもう小さくなかった。今とほとんど変わらない。だからかもしれない。弱くて一人では何もできずにおどおどしたり変に強がったり、あなたの存在が気持ち悪いと思っていた。ようやく許してもいいと思えるようになったのは本当に最近で、通っているカウンセリングの効果も恐らくあってのことで、でももしかしたら今でも一〇〇%は許していないのかもしれない。

ともあれ、時間をかけて育ててきた自分を許す気持ち、それが記事を読んだ後、くつくつと消えていった。代わりに怒りがやってきて、それが自分に向かった。お願いだから死んでくれ早くという怒り。

気持ちが揺れているのである。それを客観視してこうやって書くことができているから死なない。

自分の被害を世の中に向けて叫んでしまった。もっと辛い人がいるのになんで私が語っているのだろうという後悔とか、これを誰がどのように読むのだろうという想像とか。

自分の文章で自分の被害を書くのは、自分の肉を自分で取り出すようなことだが、人の文章で自分の被害が書かれるのは、肉を人に取り出された気がする。いくら優しく切り取られても、それはやはり痛い。自分の感覚を確かめながら自分で切り取るのとは違う。

性暴力の当事者に取材をする私はいつも人にナイフを向けているのだと思った。取材を受けて人に被害を語ることで、思いが整理されたと言ってくれる人もいる。そういう言葉に甘えながら取材している。人に話すだけなら、まだカウンセリング効果があるかもしれない。でも、今まで自分の中に溜めてあった苦しみ、その苦しみを体の一部として生きてきて、いきなりそれを吐き出したら。苦しみという重しがある中でバランスを取ってきた体はぐらつく。ぐらつきの後で安定するかもしれないけれど、ぐらつきの途中でこの世を捨ててしまったら？

また、こちらの表現で、こちらのタイミングによって、その人の被害を世の中に明かすこと。それはその人のコントロールできないところへその人の体の一部を持っていくようなものなのだと思う。

知らないことを書くことはできないから取材は必要。そして慎重な取材をするのは当たり前のこと。ただ、気をつけて取材したからいいというものではない。経験を積んでも慣れてはいけない。権力に立ち向かうときにペンは剣になるというが、性暴力の取材では、まず最初に取材対象者をえぐる。存在と行動自体が暴力だと知らなければならない。正義ではなく、むしろ悪だと認めるところからスタートする。心構えなどという話ではない。言い訳せずにここに立たなければならないのだと思った。

生まれてから十二年間だけ猶予期間

二〇一七年五月二十日

十三歳の誕生日を迎えた日のことを覚えているだろうか。どんなテレビ番組を見て、友達とどんな話をして、どんな悩みがあって、好きな食べ物は何だったか。

私は当時、好きな男の子がいたという記憶がぼんやりある。でも特に付き合っていたとかではなかった。同級生の中には〝男女交際〟というものをしていた子たちもいたが、それは学年の中でも目立っていた何人か、いわゆるスクールカースト上位の子たちで、その交際にしても、一緒に下校するくらいのものだった。たぶん、この年頃の男女交際って、個人差はもちろん、住んでる地域とか通ってる学校でかなり差があるだろう。

あの十三歳になった日の朝。私に「今日からは法的に一部〝大人の女〟と同じ扱いを受ける」ことを教えてくれた人はもちろんいなかった。

二〇一七年三月七日、性犯罪刑法の改正法案が国会で閣議決定した。でも、五月二十日現在、まだ審議入りはしていない。後から閣議決定した共謀罪が特例的に先に審議入りしたこととか、復興相の辞任とか森友とか、もろもろの問題があって、性犯罪刑法はまあ後回しにされたわけである。運が悪かったと言えばそうだけれども、「性犯罪」と「性犯罪被害者」に対して世の中が関心を持っていないことの表れでもあると思っている。

テロ怖いから共謀罪が先なんじゃないの？　そうやって言う友人がいた。でも性犯罪って全国で毎日起こってる。要は、性犯罪の方が「小さな問題」と見なされたのだ。国家＞個人。そして性犯罪刑法の改正審議を後回しにしたところで、反発はそう大きくない、あっても抑え込める程度と見込まれたということだ。一九八〇年代に、電車内での痴漢が「小暴力」と表現されていたことを思い出してしまう。圧倒的に舐められてる。

性犯罪刑法が今国会で改正されれば、刑法が制定された一九〇七（明治四十）年から初めての大幅な改正となる。百十年ぶりだ。

大学生の集団強姦や子どもを狙った性犯罪事件が報じられるたびに、怒りや悲しみを感じる人は多いだろう。「どうしてこんなことが起こるんだろう？」と。でもその感情が、法律がどうなっているかということと結びつく人は多くはない。「加害者に厳罰を（そして再犯防止のための治療を）」「被害者に適切なケアを」と思っても、じゃあどうしてなかなかそうならないかということまで調べられる人は少ない。みんな日々の生活に忙しい。私も、自分で取材するまでやっぱり法律の問題は難しいと思っていたし、いったん理解した後は、それを難しい言葉を使わずに伝えるのに苦労する。

法律って一度中に潜ってみると結構面白いのだけど、法学部出身とかでもない限り、自分に関係のあることだと思えるまでのハードルが高いのだと思う。自分に関係のあることと思える人となると、やっぱり被害当事者やその支援者。彼女ら彼らは自分が好んだわけでもないのにこの問題に向き合わされていて、さらに自分自身で法改正を訴えないといけない。大変なことだと思う。

今回の改正は一般的に「厳罰化」と言われる。確かに、強姦の懲役の下限が三年から五年に引き上げられる予定だ。また、「強姦罪」という言葉は「強制性交等罪」に改められる。これは、「強姦」に「女子を姦淫する」という意味があるため。新しい「強制性交等罪」では、これまで「強制わいせつ」として裁かれていた「肛門性交（アナルセックス）」「口腔性交（オーラルセックス）」の強要が、「強姦（膣性交の強要）」と同等に裁かれるようになる。男性への加害や、膣性交ができない子どもに代わりに口腔性交させるといった加害が、強姦と同等となる。

一方で、改正が検討されたものの、見送られた項目もいくつかある。改正が議論された九項目のうち、改正予定は三項目、一部改正が一項目だ。今国会で改正が審議入りしたとしても、この見送られた項目については変わることがない。

見送られた論点のうち、私がどうしても不思議なのが「十三歳以上」の話。議論の中で使われていた言葉で言えば、「いわゆる性交同意年齢の引上げ」が見送られた。現行（執筆当時）の刑法を引用してみる。

刑法176条（強制わいせつ）……十三歳以上の男女に対し、暴行又は脅迫を用いてわいせつな行為をした者は、六カ月以上十年以下の懲役に処する。十三歳未満の男女に対し、わいせつな行為をした者も、同様とする。

刑法177条（強姦）……暴行又は脅迫を用いて十三歳以上の女子を姦淫した者は、強姦の罪とし、三年以上の有期懲役に処する。十三歳未満の女子を姦淫した者も、同様とする。

読んでわかるように、現行の刑法では、強姦と強制わいせつについての要件が十三歳を境に分かれる。十三歳未満の女子を姦淫した者（もしくは十三歳未満の男女にわいせつな行為をした者）は、どんな理由があっても「強姦」（強制わいせつ）になる。一方で、十三歳以上の女子は「暴行又は脅迫を用いて」姦淫した場合が強姦。十三歳未満に暴行脅迫要件がない理由は、「子どもだから性交渉の意味を理解できないし抵抗もできない」「そういう者に対して性交渉を持ちかけること自体が罪である」という考え方なのだろう。

一見すると、「強姦」に「暴行又は脅迫」の要件があることは、正しいように思える。同意のもとに行われる性行為だってもちろんあるわけで、何らかの要件がなければ、性交渉の全てが強姦になってしまう。

でも実は、こんな裁判例がある。

ゴルフ教室を主宰する男性は、生徒である十八歳の少女をゴルフ指導の一環との口実でホテルに連れ込み、姦淫した。被害者が強い支配従属関係であったとは認められず、解離状態であったことを裏付ける事実も認定できなかったことから、「抗拒不能に陥るほどではなく、自分から主体的な行動を起こさなかった可能性も排斥できない」と判断され、無罪を言い渡した。（鹿児島地方裁判所　平成二六年三月二七日判決）出典『性暴力被害者からみた　ここがヘンだよ日本の刑法（性犯罪）』

二十四歳の男が中学生女子に声をかけ、性交した行為が、強姦罪として問われた。少女が性交に同意していなかったことは認められるが、被告人が「犯行を著しく困難にする程度の暴行」を加えたとは認められず、また「男が少女が性交を受け入れたと誤信した」疑いは払しょくできないとして、無罪を言い渡した。（大阪地方裁判所　平成二〇年六月二七日判決）出典：『性暴力被害者からみた　ここがヘンだよ日本の刑法（性犯罪）』

上司と部下、教師と生徒、親と子、年上と年下など、関係性を巧みに利用した強姦では、「暴行又は脅迫」を用いずとも、相手の抵抗を奪える場合がある。まさかそんなことをされるとは思わず、恐怖や混乱で体が動かずに抵抗できない場合もある。しかし、「暴行又は脅迫」がなく、被害者が「抵抗した」と立証できない場合、強姦罪は問えない。

鹿児島地裁のケースでは、その後の福岡高裁判決でも無罪が言い渡されている。高裁判決では、被害者に合意の意思がなかったことや、さらに精神的な混乱から表立った拒絶ができなかったことをほぼ認定したが、被告人が「無神経」な男性だったため、被害者に拒絶の意思があったことを理解できなかったと判断し無罪となった。男性が「弱者の心情を理解する能力や共感性に乏しく」、「むしろ無神経の部類に入ることがうかがわれる」ことが、無罪の理由となったのだ（「」内は福岡高裁判決文より）。

私にこのケースを教えてくれたベテランの女性弁護士さんは、「本当に判決文に「無神経」って書いてあるのよ。無神経だから許されるなんてバカみたいなことが本当にあったのよ」って無茶苦茶怒っていた。

私はすぐに怒れなかった。怒るというより、もう唖然とした。こんな理不尽が許されるのか。日本て安心安全の法治国家じゃなかったのか。彼女たちにとってそれが「性暴力」だったことは裁判でも認められているのに、男の方が無神経だったとか、拒否に気づいていなかったから無罪って。人を殺す気はなかったけど殺してしまったら「過失致死」になるのに、人を犯しても無神経だったことを立証できれば「無罪」？　法律が悪いのか解釈が悪いのかその両方なのかわからないけれど、とにかく気持ち悪い。

こういうケースがあるから、性暴力の被害者支援団体や被害者団体は「暴行・脅迫」要件を緩和するか、「同意のない性交渉」などと改めるように訴えていた。「どれだけ抵抗したか」ではなく、「どのような同意があったか」が裁判で焦点とされるように。すでにイギリスなど同意に重点が置かれている国もある。

こんなバカみたいなケースはさすがに多くないだろう……というわけでもない。現状では、裁判で暴行・脅迫が立証できないことを見越して、立件されなかったり不起訴となったりするケースがある。昨夏、俳優が起こした事件は結局不起訴となった。なぜ、慶応大学の集団強姦事件では、大学から処分を受けている学生がまだ逮捕されないのか。[*1]大阪でホテルに連れ込まれた女性が集団強姦された事件、[*2]加害者が逮捕された後に不起訴になっているのはなぜか。強姦事件の立証の難しさが関係しているのではないか。

でも結局、「暴行・脅迫要件の撤廃もしくは緩和」についての訴えは実らず、改正法案に盛り込まれなかった。

百歩譲ってこの「暴行・脅迫」が必要な要件だとしても、この適用が「十三歳以上」とされていることが、私にはさっぱり意味がわからない。検討会では「せめて中学卒業から」「せめて十六歳から」などの意見が出ていたけど、採用されなかったらしい。

十三歳って何の年齢？

一説には初潮の始まる年齢と言われる。

十三歳の頃の自分を全て覚えているわけではないが、あの当時の私は自分を「子ども」と認識していたことは間違いない。特に性的なことに関しては。性知識はそれなりにあったが、子どもは子ども（同じ年頃の人間）と恋愛するものだと思っていた。大人から性的対象と認識されることがあるなんて思えなかった。

＊1　その後、二〇一七年八月に六人が書類送検されたが、十一月に全員が不起訴に。

＊2　二〇一四年十二月、大阪府警の巡査部長の男らが起こした事件。女性は七時間にわたって監禁されたという。

もしあの頃、十三歳の私が大人から言葉巧みに誘われたとしたら。咄嗟にそれを性的な誘惑だと理解し、いざとなったら必死で抵抗しなければいけなかったのだ。十三歳の誕生日からはそれまでとは違い、大人の女と同じように扱われる、法律では。

何が起こっているのかわからなくてされるがままになってしまった場合や恐怖で固まって抵抗できなかった場合、「同意」と見なされてしまう可能性があった。その日からは。

法律がこうなっているのに、なぜ誰もそのことを教えてくれる人はいなかったのか。十二歳と十三歳って全然違うということを。法律のこんな細かい部分について知っている大人は私の周りにいなかったからだ。

年齢による定義は、子どもの性的な自己決定を尊重するためにあるという。「性交同意年齢をたとえば十五歳に引き上げれば、十四歳同士のキスやセックスが法に触れることになってしまう」、そんな説明が行われることがある。でもじゃあこれまで、十二歳同士のキスやセックスが法で裁かれたことがあるのだろうか。未成年に対する性行為は条例違反で裁けるからいいという意見もあるが、淫行条例は同意のない性行為を禁じるものではなく、あくまでも未成年との性行為を禁じるもの。

加害者が淫行条例で罰せられるだけでは、被害者の被害感情と見合わない。[*3]

性交同意年齢が十三歳であるという事実は「十三歳以上であれば、自分でするかしないかを決められる」と日本では考えられていることを意味する。でも今の日本の学校ではセックスに関する教育は行われていない。受精した後の体の仕組みを教えても、セックスが何なのかを教えない。「寝た子を起こすな」、つまりわざわざセックスについて教えて、子どもがセックスしたくなったらどうするんだ、そういうことを言う政治家がいる。子どもがセックスしたくなったら困るから義務教育で教えない、でも性犯罪に関する法律では「十三歳以上であればセックスが何なのかわかるし自分で判断できる」ことになっている。これ矛盾じゃないの？

小泉純一郎氏は総理大臣だった頃、性教育について「学ばなくても自然に覚える」と言ったそうだ。だから性教育は必要ない、と。子どもが、間違ったセックス観や他者を傷つけるような性的言動を「自然に覚え」てしまう可能性について無関

＊3　詳しくは「日本の性交同意年齢は十三歳「淫行条例があるからいい」ではない理由」（筆者Ｙａｈｏｏ！ニュース個人）を参照。

心でいられるのは、この人が性的に強い立場で生きてくることができたからではないのか。

女性が選挙権を持てるようになったのは一九四五年十二月から。女性が弁護士になれるようになったのは一九三六年の弁護士法改正の施行から。初めて女性の裁判官、検察官が誕生したのは一九四九年。一九〇七年にできた性犯罪に関する刑法に、女性の声はどれほど入っているのか。入っているわけがない。一九〇七年ってまだ姦通罪（男の不倫はお咎めなしだが、女の不倫は二年以下の懲役）が引き継がれていた頃だ。

あれが十二歳だったか、十三歳だったかは忘れたが、とにかくそれぐらいの頃。それまで持っていたのとはちょっと違う、大人っぽい水色のセーターを着て近くのピアノ教室に出かけた帰り。私は外国人の男性から声をかけられた。恐らく、近くの工場に勤めていたブラジル人だと思う。なぜ声をかけられたのかわからなかったけれど、学校では「外国の人にも親切に」と教えられていたから笑顔を返した。一分ほど歩きながら話した後、年齢を聞かれて答えると、彼は気まずそうな顔をして

「バイバイ」と言って去った。あれはナンパだったのだと思う。子どもだと知って去ってくれる人でよかった。私は自分が大人から性的な対象と思われることに無自覚だったから。

こういう個人的な体験を一般化して語ってはいけないことは知っている。けれど、性交同意年齢が十三歳以上という現在の法律も、複数の誰かの経験を一般化した上での定義だろう。その「誰か」は、小泉純一郎氏のように、いつでも性的主導権を持つことができる立場の人たちだけだったのではないか。

あの十三歳になった日の朝。私が読むべきだったのはこんな文章だろう。

日本には性的加害に一人で立ち向かわなくてはならない刑がある。相手がどんなに自分より年上でも、体格差があっても、抵抗したら危害を加えられたり、今後の生活で不利な立場に置かれたり、もしくは殺されるかもしれないと感じたとしても、相手に伝わるかたちで必死に抵抗しなければならない。抵抗を裁判で立証できなければ、通常のセックスをしたのだと見なされる。この刑は生まれてから十二年間だけ猶予される。あなたの猶予期間は昨日で終わりました。

〈追記〉その後、二〇一七年六月八日に性犯罪の刑法改正案が衆院本会議で可決。七月十三日より施行された。

〈文庫版追記〉二〇二三年の再改正により、「不同意性交等罪」として、同意のない性交が処罰対象であることが明確化されることになった。また、性交同意年齢は一部に年齢差要件が残るものの、十六歳に引き上げられることとなった。改正を求める声に対しては反発もあった。これについては、『告発と呼ばれるものの周辺で』（二〇二二年、亜紀書房）に書いた。

フィクションと実相

二〇一七年七月九日

先日読んだ『性暴力の理解と治療教育』（二〇〇六年、藤岡淳子／誠信書房）に書いてあったことから考えた。著者は大阪大学の教授で、長年性暴力と性暴力加害者の治療について研究を行ってきた方。

性暴力は性欲だけではなく支配欲によって行われる……といったことが書いてある箇所からの引用。

性暴力は、性的欲求というよりは、攻撃、支配、優越、男性性の誇示、接触、依存などのさまざまな欲求を、性という手段、行動を通じて自己中心的に充足させようとする「暴力」であるという本質を、明確に認識する必要がある。そこでは、ほかの種類の暴力あるいは虐待同様に、被害者の欲求や感情は無視され、踏みにじられる。被害者は、加害者が自分の欲求や感情を充足するために使われるモノとして扱われるのである。たとえば、ある性犯罪少年は、特定の彼女もいて定職もあり、それまで大きな非行もなかったが、遊び仲間に誘われて輪姦行為に加わり、それを繰り返していた。彼によれば、「強姦（輪姦）は、彼女とのセックスとはまったく違った。泣き叫ぶ被害者の衣服をはぎとり、殴りつけてセックスをするといった、ビデオで見たような、自分が思っていたような『強姦』ともまったく違った。実際には、ホテルの部屋に連れ込んで仲間三人で取り囲んだだけで、被害者はまったくおとなしくなった。進んで服を脱ぎ、言われなくても『恥ずかしい』姿態をとり、こちらの機嫌をうかがって何でもした。ハーレムの王様になったようで、自分が強くなったようで、とても気持ちよかった」と述べている。（P15〜16）

聞くに堪えない話。

「こちらの機嫌をうかがって」「自分が強くなったようで」という言葉からは、おとなしくなった被害者が性行為に同意していたわけではないと、加害者本人も理解していることがわかる。恐怖で人を支配することの快感を楽しんでいる。

これを読んでやはり思うのが、被害者支援の人たちから問題視されている暴行・脅迫要件についてだ。今回の性犯罪刑法改正でも残ってしまった要件。現在の刑法では、強姦の定義は暴行・脅迫を用いて姦淫すること。性暴力でとても難しいのが事実の立証で、加害者側の「同意だった」という主張と、被害者側の「同意ではなかった」という主張が対立する。特に加害者と被害者の間に面識がある場合。そこで法律では、その性行為に暴行・脅迫が用いられたかどうかという基準で「強姦」だったのか「通常の性交渉」だったのかを判別する。「同意の有無」ではない。

でも引用した話によれば、少年たちが「取り囲んだだけ」で被害者から抵抗を奪うことに成功している。とても怖い話だと思う。被害者からたびたび聞く、「恐怖で体が硬直した」という証言と、繰り返される「なぜ抵抗しなかったの?」という質問。襲われそうになったら抵抗するでしょ普通、っていうその「普通」を、人は何から学んだのか。

この少年の場合は、繰り返し犯行を行う中で、被害者が通報して、警察が被害をきちんと取り調べ、逮捕できるだけの条件が揃い、起訴に至ったのだろうが、私はこれまで取材した中で、警察に被害届を受け取ってもらえなかったというケースを何度も聞いたことがある。警察から遠回しにあるいは直接的に「それは強姦ではなく同意だと思われても仕方ないんじゃないの」と言われることが本当にある。あとは、逮捕されても結局不起訴で終わるケース。

最近では東京慈恵会医科大学付属病院の医師らが集団準強姦で逮捕されたが不起訴。この医師の一人は少なくとも五回逮捕されているが、これまで全て不起訴になっている。二〇一五年には、大阪で警察官らが起こした集団強姦事件が不起訴。その後検察審議会で不起訴不当となったが、今年三月には再び不起訴になっている。この事件では被害者が「目隠しされ両手を縛られた」けれど、加害者らは〝女性の抵抗が弱まったことなどから「同意があった」と弁解〟したという。

事件化して報道されることになる性暴力事件はごくわずか。被害者があまりにも力を奪われていて、通報できなかったり、社会に復帰できなかったり、誰にも被害を言えなかったり、自分が悪かったと思い続けてしまったり、ということがある。服従させられた事実は被害者からたやすく言葉を奪う。

そして実際に現場で行われることの悲惨さが覆い隠される一方で、フィクションの中の強姦は多くの人が知っている。創作物の中で、たとえば小説や漫画の中で強姦が描かれる場合、加害者はきちんと罰せられることが多い。取材で、「フィクションの中で強姦は復讐のカタルシスを得るための道具として用いられている」という被害者の声を聞いたことがある。本当にその通りだ。私も昔、ある女性小説家の作品で描かれる「女性の困難」がレイプばかりなのはなぜなのだろうなと思ったことがある。

で、小説の中の卑劣な犯人は制裁を受けるけれど現実はと言えば、異性から無理矢理性交された経験のある女性のうち、警察に連絡・相談を行った人は四・三％だ（平成二十六（二〇一四）年度／内閣府調査）。[*1] そこから逮捕・起訴に至るケースはさらに少ない。沖縄で強姦殺人を起こした米軍属の男性が「日本で性犯罪を犯しても捕まらないと思った」と供述したことも報じられた。

性犯罪に遭った人たちの話を読んだり、直接聞いたりするたびに、少しずつ「世間一般の認識」とズレていってしまう自分を感じる。世の中の多くの人は警察を信用しているし、世間でこんなに理不尽なことが起こっていると思っていない。私も直接聞いていなかったら信じていないと思うし、世界はなるべく安全だと思ってい

＊1　二〇一七年度の調査では二・八％。二〇一七年度調査から対象が男性にも広がり男女の総数の場合は三・七％
〈文庫版追記〉最新版（二〇二三年度調査）では、男女合わせて一・四％。

る方が生きやすいからなるべくならそうしたいのだけど。

なかったことにされる現実の強姦と対照的に、フィクションでは強姦が量産されていく。「強姦は悪いことだけど、悪いことだからやったヤツはちゃんと罰せられてるはず。そうじゃないならそうじゃない理由がある」。そういう認識でいる人（そういう認識でいたい人）と、被害の実態を知っている人の間で見えてるものが少しずつズレてしまう。だから実態を知っている人の言葉が突飛なものに聞こえて浮いてしまうことがたくさんある。このズレを埋めていきたい。必ず。

これはフィクションを規制しろっていうような単純なことを言いたいのではない。性暴力の実相に関する一般の認識を底上げしたい。そうすれば自ずと描かれるものと、その受け取り方が変わる。気の長い話ではあるけれど。

たとえば小林美佳さんの『性犯罪被害にあうということ』（二〇〇八年、朝日新聞出版）は有名な一冊だが、さらに多くの人に読まれてほしい。

私は以前、性暴力の被害者同士で語るイベントに出ることを告知したときに、中年男性からSNSで「なんだ、被害者の会かよ」とバカにされたことがある。あー、そういう風に思う人いるんだな、こういう人の頭の中では、被害者が語る会って「私はこんなにつらい目に遭いました」って「感情的に」泣き叫ぶだけの集まり、みたいなイメージがあるのだろうなあと思った。

こういうガッチガチの偏見がある人にとっては、性暴力の被害者が書いた本というと、ただただ暗くて希望がないとか、「男が責められる内容」とかをイメージするのかもしれない。そういう思い込みを捨てて一度読んでみてほしい。私は『性犯罪被害に～』の中にある、「これはレイプではなくてただの性行為だった。そう思いこむことができればこれ以上傷つかなくてすむ」という内省の場面が非常につらかった。つらいと同時に、複雑なことを、ありのままに書いていると感じた。彼女の事件の犯人は捕まっていない。

もう一度『性暴力の理解と治療教育』から引用する。

（海外のある研究者によれば）異性間の性行為の経験は合意かレイプかではなく、圧力、脅し、強制、力ずくの連続体であり、非常に多くの女性が、「ノーというのに罪悪感を感じる」ことや、「するよりしないほうが、さらに悪い結果をもたらす」という理由で、性行為を行っている。たとえば、少女がボーイフレンドに性行為をしようという「圧力」をかけられ、彼女自身は本当はしたくなかったとしても、「彼が望み、それで喜ぶならそれが私にとっても喜び」

と考え、あるいは「しないと彼を失うかもしれない」と恐れ、あるいは「みんなしてるし、早くしちゃったほうがよい。彼を好きだし」と考え、性行為に「同意」することはありうる。（略）さらに暴力の程度が大きくなれば、「力ずく」となる。「圧力」と「力ずく」では一見異なるように見えるかもしれないが、自身の感情や欲求ではなく、相手の男性の感情や欲求によってのみ性行為を行っているという点では共通している。暴力をこうした「自由への侵害」ととらえるなら、ほぼ100%の女性は、何らかの性暴力を一度は体験していると言われても首肯できよう。性暴力被害を快楽殺人や強姦の被害といった激しい身体暴力を伴う、かつ法によって裁かれた犯罪被害としてのみ考えていると、「性暴力被害の連続体」が看過され、見えなくなりがちであるのかもしれない。
（P31〜32[*2]）

「性暴力被害の連続体」とは印象的な言葉だ。セクハラにしてもセクハラ要素のある描写にしても、「これくらいいいじゃないか」と言われることが多々ある。「これくらいのことが許されないなんて息苦しい」とか。しかし弱い立場からすれば、「これくらい」が一回放置されればすぐにエスカレートしていくことは身をもって知っている。それを「大袈裟」と一蹴できる人は、こちら側の現実を知らない人たちだ。

＊2　念のため補足すると本書では男性の性被害（加害男性は幼少期に性被害を受けている場合がある。加害者は男性も女性もいる）についても説明がある。

手を伸ばさなかった話（3）

二〇一七年七月二十七日

三回目は、つい数年前。保育士さんの待遇を調べるために、元保育士の女性に話を聞いたことがあった。一緒に動いていた編集者の男性が、ある中小企業の社長と「飲み友達」で、その社長の会社で働いている保育士経験のある女性に話を聞かせてもらうことになったのだ。

取材に編集者は同席せず、社長と女性、私の三人で、指定されたホテルのラウンジでお会いすることになった。女性と二人きりのほうが話を聞きやすいのになとはチラッと思ったが、そんなことはもちろん言わず、取材を始める。元保育士の彼女は二十代で地方出身、東京では一人暮らし。子どもは好きだし仕事もやりがいを感じたが、私立保育園の少ない給与で、このまま長時間働き続けるのは無理と思ったそうだ。「うまく話せるかわからないから、当時のことをメモにまとめてきました」と彼女がそっと差し出したレポート用紙には、几帳面な字で問題点がまとめられていた。わざわざメモをいただけるなんて思っていなかったので恐縮し、真面目な人なんだなと思った。でも同時に、何かひっかかるものがあった。

女性は「ちゃんと話せたでしょうか」と気にしていたが、一時間ほどでつつがなく取材は終了し、そろそろ「今日はありがとうございました」と言おうかなと思ったそのとき、それまでほとんど黙っていた社長が口を開いた。「まあ、私の言うことはちょっと偏ってると思いますけど、言わせてもらうとね」と。

正直なところ、私はそれまでの取材中に彼が口を挟まないでくれたことに感謝していた。名刺交換した際に何か一癖ありそうな人だと思っていたから。最後の最後で彼が話し出したとき、嫌な予感がここで的中したかとがっくりした。

彼の発言をまとめると、次のような内容になる。

最近の女性は働きたい働きたいなんて言うけれど、若いうちからチヤホヤされてきたのを忘れられなくて、ずっとチヤホヤされたいから働き続けたいなんて言うんだよね。そういう自己主張の強い女性が増えたから、ほら虐待も増えたでしょう。僕には子どもが何人かいて幼稚園に入れた子と保育園に入れた子がいるけど、幼稚園に入れた子のほうが品がある。保育園に預けた子は粗野に育ったね。保育士さんも幼稚園の先生に比べると、太っている女性が多いんだよね。あれはストレスで太っちゃうんだろうね。十分か十五分くらい、彼は喋っていたと思う。その間ずっと、私はこの時間が早く終わらないかと思っていた。次の待ち合わせも気になったし、何より聞くに堪えない話の連続だった。

これを言うために、この人はわざわざついてきたのだろうか。虐待の件数が増えているのは発見される事件が増えたからに他ならない。昔から虐待はあったけれど、「家庭内のこと」で済まされてきた。子どもの人権がようやく言われるようになり、我が子を虐待してしまうお父さんお母さんが本当にいることが世間に周知され、見過ごされて死に至るまで放置されてしまう子がいることが報道されてようやく社会問題になった。現代に始まった話ではない。そして、虐待が増えたことと「自己主張の強い女性が増えたこと」の間には、もちろん何の相関関係も見出されていない。むしろ、母親が社会的なネットワークを持たず、孤立してしまった場合に虐待が起こることがあるとも指摘されているのに。保育園でも幼稚園でも、第三者に預ければ、それだけ「人の目」が入る。家庭内で虐待が行われていれば気付きやすいことにもなる。保育園に入れた子が粗野とか、保育士さんが太ってるとかに至ってはもうちょっと何言ってるのかよくわかんない。私も保育園育ちなんですけど、この社長の目の前にいる私はやっぱり粗野に見えてるんだろうか。

そうやって途中で何度か口を挟もうかと思ったけれど、取材をなかったことにしてくれと言われるんじゃないかとか、紹介してくれた編集者の顔を潰してはいけないとかいうことが頭をよぎった。反論してこの人の機嫌を損ねたら私が帰った後でこの元保育士の女性が八つ当たりされるかもしれない。

曖昧な相槌を打ってなんとか話を終わらせて、「ありがとうございました」と笑顔をつくった。

その日はその後、仕事関係の人たちに誘われて東京ドームで野球観戦の予定があった。久しぶりにドームで飲むビールはやっぱり非日常の味がした。

さてしかし。その爽快感がひとたび去ってしまえば、思い出すのはあの社長のことだ。なんであの人、あんなこと言うんだろう。女性の働き方や待機児童についての記事を書くと、ときどき「あなたはわかってないだろうけど、世の中はもう完全に男女平等ですよ」なんて言われることがある。でもジェンダー格差百十一位じゃない、日本（二〇一六年／WEF）[*1]。所得水準が下がり続けて将来への不安から働き続ける女性は多いのに、ああいう六十代くらいの経営者のおじさんが「ちやほやさ

＊1　最新値（単行本発売時点）では百十四位に後退。
〈文庫版追記〉二〇二四年六月発表では百十八位。

れたいから働き続けたいんでしょ」なんて言ってる。目の前にいた、元保育士の女性の不安そうな顔が見えてるのだろうか。

……。そこで私は気付いた。なぜあの場で、逃げるように去ってきてしまったのだろう。保育士の待遇に疑問を持って転職したというあの女性。でも、あの社長の経営する会社が、彼女の将来にとってよいとは、とても思えない……。

一度会っただけのライターが何とかできる話だとは思わない。そう思う方がおこがましいことだと思う。でも嫌な気持ちがずっと残っている。

半分だけわかる、でもいいと思う

二〇一七年七月三十一日

欅坂46の「月曜日の朝、スカートを切られた」という曲の歌詞が話題になっている。[*] 実際にスカートを切られる被害に遭った学生さんが抗議の署名を集めていて、署名数は千七百人を超えている。ツイッターなどでは、もともと欅坂のファンだけど、この曲はさすがにどうかと思うという意見も見た。ファンの人が始めた「秋元康氏は差別と暴力に関する声明を出すべきだ」という署名もあった。

こういう話になると、すぐに「表現規制やめろ」と言い始める人がいるんだけども、規制ってそもそも政府がするものだから、市井の民がクレームや署名を行うことはそれこそ言論の自由のはずだ。あと、上記の二つの署名はどちらも、販売停止や規制を求めてはいない。「批判」とか「どうかと思う」「こういう意見もありま

＊ 二〇一七年七月十九日に発売された、女性アイドルグループ欅坂46の楽曲「月曜日の朝、スカートを切られた」の歌詞が物議を醸した。ネット上では抗議の署名も行われた。

す」と言っただけ、もしくは言おうとするだけで、全て「規制推進派」みたいに括られかねない風潮に、ちょっと違和感がある。

欅坂のファンの中にも「これはさすがに……」と思った人がいるように、人の意見は千差万別。こういうのはアリか、ナシかの話ではないと思う。ツイッターだと百四十字でわかりやすく意見を言わなくてはいけないから、黒か白か、敵か味方かみたいなことになりがちだけど、そうではなくてもっと丁寧な議論がしたい。署名するまでは気持ちが動かないけど、被害に遭った人の気持ちわかるよ、という人がいてもいい。というか、私はそういう人こそ多いはずだと思っている。意見をはっきりさせることも大事だけど、そもそも表現は「規制する」か「しない」かの二択ではないのに、どちらかを選択しないと議論に加われないかのようになっていることが変なのでは。

「この曲が好きであること」と、「この曲を好きと思えない人がいる」ことを理解できるかできないかは別の話で、この曲を好きだと思いつつ、好きだと思えない人の話にも聞く耳を持つことは、本当はできるはずだよねということ。聞いてもらえるだけでもいいと思ってる。

秋元康さん的なものの力はやっぱり絶大でありＡＫＢグループは巨大でファンも

たくさんいる。その巨大な勢力に対して被害に遭った十代が意見を言うって、しんどいことだと思うんだよ。私はもともと性被害の取材をしていて、被害側の意見がどれだけマイノリティで、世の中に聞く耳を持ってもらえないかということを知っているので、やっぱりこの十代の人側に立ちたいと思う。そんな立場から以下にその理由を書くけれど、別に一〇〇％の賛同を得られるわけではないと思ってるし、それで構わない。でも、こういう風に世の中を見てる人もいるんだなとそれだけでも知ってもらいたい。

スカートを切られた、の歌詞で、問題があると思うのは、一つは「私は悲鳴なんか上げない」だ。「サイレントマジョリティー」に続く深い意図があると読むファンもいるみたいだけど、あの曲単体だと、どうしても、「スカートを切られたけれど私は悲鳴なんか上げない」と読めてしまう。これは否定しづらいところだと思う。あの曲はファンだけに売られているわけではないのだから、「ファンの間では意味が分かるからいい」というのは乱暴だ。国民的人気グループが歌う曲に「嫌なら聞くな」というぐらい乱暴な話だ。

性犯罪は被害申告率が他の犯罪に比べて低い。「犯罪白書」によれば、「性的事件」の被害申告率は一八・五％（平成二十四年調査・過去五年間の申告率）。電車の中の痴漢被害については十人に一人しか、警察への相談や通報を行っていない（平成二十三年／警察庁）。被害者が被害を申告しない理由はいろいろあって、その人によってももちろん違う。これだけで一本原稿を書けるくらいの話だけれども、いくつかを挙げれば、「恥ずかしいから」「おおごとにしたくないから」「以前、大人に言っても取り合われなかったから」「家族に止められたから」「前に駅員や警察に相談したときに嫌な目に遭ったから」「犯罪だと知らなかったから」「自分も悪いと思ったから」「みんなも同じような被害に遭ってるけど警察へは行ってないから」「言っても信じてもらえないと思った」などがある。いくつかの要素が組み合わさって言えないことももちろんある。

だから、狙われやすい人たちに向けて警察が言うのは「被害に遭ったら声を上げてください」だ。通報や相談をしないと被害が可視化されない。犯人が捕まらない。捕まらなければ犯人はまた罪を犯す。アメリカの研究では、一人の性犯罪加害者は三百八十人の被害者を出すという。捕まった犯人に余罪があるのは珍しいことではない。

で、警察とか大人が被害に遭ったら通報・相談をとポスターとかで言うんだけれど、やっぱり被害申告率は上がらない。伝わっていない。ときどき痴漢防止キャンペーンとかが駅で行われている様子がテレビで報道される。私も取材をしたことがあるけれど、現場はなかなか大変。興味を持って立ち止まってくれる人は本当に少ないし、季節ごとのキャンペーンとして形骸化してる部分もかなりある。じゃあ、どうやって狙われやすい若い人に関心を持ってもらえばいいのかって考えて、警察がタレントをキャンペーンに呼んだりする。

被害申告率の低さ、暗数の多さ、それに伴う性暴力への認識の甘さ。それを重く考えている人の中には、恐らくこう考えたことのある人がいると思う。エンタメで啓蒙してくれれば一番いいんだよなって。政治家とか学校の先生が「被害に遭ったら相談しましょう」と言うよりも、アイドルの女の子が「私も嫌な目に遭ったことがあるよ。すごく辛かった。でも相談してよかったよ。一人じゃないよ」って言ってくれる方が何倍も効果があるって思っている。

だから、欅坂のあの曲が「悲鳴なんか上げない」じゃなくて、「声を聞いてくれる人がいるまで叫び続ける」とか「悲鳴を受け止めない社会を私は許さない」だったら、どんなによかったか。でも現実は、秋元康さんという、構造的に絶対的な立場にいる人が、少女たちに「悲鳴なんか上げない」と歌わせた。曲の一部とはいえ、それはグロテスクだよ……。被害に遭う少女たち（あるいは少年たち）が「悲鳴なんか上げられない」ことが、実際の事件現場で本当に多いこと。そしてそのことで結果的に誰が得をするのか、私はよく知っている。細かいことを言えば、その他の性犯罪に比べれば、スカートを切られたとか精液をかけられたという被害は器物損壊であって、被害の証拠がはっきりと残るので事件化しやすい。証拠が残っている被害でさえ「声を上げない」って言っちゃったら、残らない被害なんてどれだけ言えないか。

あの曲では、「スカートを切られた」の後の歌詞は「通学電車の誰かにやられたんだろう　どこかの暗闇でストレス溜め込んで　憂さ晴らしか」と続く。ここにも違和感がある。

たとえば、「親を殺された。どこかの誰かにやられたんだろう。ストレス溜め込んで憂さ晴らしか」、「財布を盗まれた。通勤電車の誰かにやられたんだろう。ストレス溜め込んで憂さ晴らしか」だと違和感に気付く人は多いと思う。

これが、「電車の中でスカートを切られた女の子がいたのを見た」場合、「通学電車の誰かにやられたんだろう。ストレス溜め込んで憂さ晴らしか」にはなる。「おじさん同士が電車の中で殴り合っていた」でも、「ストレス溜め込んでんだろう」

にはなる。

　つまり、「通学電車の誰かにやられたんだろう」とか「ストレス溜め込んで憂さ晴らしか」は、とても第三者的な視点だ。「月曜日の朝、スカートを切られた」「私は悲鳴なんか上げない」は主観、一人称なのに、間に挟まる視点がとても客観的で、どこかひとごとのよう。ファンの人たちにとっては、それが「冷静さ」に見えてかっこいいのかもしれない。

　でも私にはこれがとても怖い。私自身、中高生だったら、この曲のように「冷めた目線」で社会を見ていたかもしれない。私は高校時代に何度も通学電車で痴漢に遭ったが（強制わいせつにあたるものも多かった）、一度も警察や親や教師に言ったことはない。私だけではなく、同級生たちのほとんどもそうだった。諦めに近いような気持ちがあった。スカート短いからしょうがないんだろうとか、通学で電車に乗り始めてすぐ毎日のように痴漢に遭うってことは、大人の社会ってこういうもんなんだろう、とか。「痴漢です」って声を上げた友達が周囲の誰にも助けてもらえなかった話とか聞いたら、もう黙する方がいいような気持ちにもなっていく。痴漢を怖がっていたら学校に行けないので、感情を鈍らせるというか、もう客観的に「そういうもんだろう」と思うしかなかった。今なら、高校生にそういうことを思わせる社会がいけないとわかる。だから「通学電車の誰かにやられたんだろう」「ストレス溜め込んで　憂さ晴らしか」って客観的な視点に、胸が詰まる。「切られて嫌だった」「こんなのおかしい」って言っていいんだよ。あなたたちにそう言わせない社会の方がおかしいんだよ。

それでまあ、「目立たないように　息を止めろ！」「大人になるため　嘘に慣れろ！」「悲鳴なんか上げない」といった歌詞のあるこの曲が、「サイレントマジョリティー」の「Ｙｅｓでいいのか？」「行動しなければ　Ｎｏと伝わらない」に続く前日譚であり、あえて「悲鳴なんか上げない」と歌っているのだとしてもやはりやはり「スカートを切られた」というモチーフは使わないでほしかった。実際に行われている犯罪であり、子どもが狙われることが多く、被害者を羞恥させる目的があると思われる、卑劣な犯罪。それを「詩的」なモチーフとして使わないでほしかった。

こういった被害の深刻さ。いかにこれまで性犯罪が矮小化されて伝えられてきたかとその弊害。この社会がいまだに性犯罪に対して無力であること。今日も被害に遭っている子どもがいること。それがもう少し目に見えるものになっていれば、こういう曲は作れなかったと思う。それがとても悔しい。時代によって世の中の許容範囲は変わっていく。今、バラエティ番組で保毛尾田保毛男はできない。放送側の自主規制だが、それは性的マイノリティの視点が九〇年代よりも世に広く知られているからだと思う。九〇年代にも、あれを嫌だと思った人はいたと思う。でも恐らく意見を言ったところで、「気にし過ぎ」「そんなことを言ったら何も作れないじゃないか」と言われただろう。今はああやって性的マイノリティを「ネタ」にすることはできない。

規制は求めない。でも、性犯罪被害者の視点がもう少し知られれば、表現は変わらざるを得ないはずだと思っている。だから伝えていきたい。「半分だけわかる」でいい。知ってもらえるだけでいい。話を聞いてもらえるだけで。「ほとんどない」ことにされている側から見た社会の話を。

〈追記〉「今、バラエティ番組で保毛尾田保毛男はできない」と書いたが、その後、この年の九月二十八日にフジテレビは「とんねるずのみなさんのおかげでした」三十周年記念スペシャルに、このキャラクターを登場させた。批判が相次ぎ、結局同社は謝罪文を出したが、放送には本当に驚いた。私の認識が甘かった。

男女平等の話

二〇一七年八月二十八日

「今の社会は男尊女卑だと思いますか？」

そんな風に学生さんに聞いてしまって、多少後ろめたい気もした。先日、偶然お招きいただいた母校の授業で、講師の方から「女性差別」の話を振られたときの話だ。学生たちは文系大学院のゼミ生で、女子学生が二人、男子学生が三人いた。

まず自分が答えずに学生さんたちに質問したのは、女性差別についての今の私の見解は、たぶん彼らとは多少距離があるんじゃないかなあと思ったからだ。私が先に話すと、彼らが自分の意見を言いづらくなるのではないか、そんな気持ちもあったけれど、単純に「初対面の人に引かれたくない」って気持ちもあった。だからちょっとずるい。後ろめたさの理由はそれだ。

男子学生の何人かは「あると思う」「ないとは言えない」と答えた後、LGBTや外国人差別の話に触れた。女子学生の一人は、「普段感じることは少ないけど、年齢が上の方と話すと、「女の子なのに大学院に行ってるの」とか言われることはある」と言っていた。怒っている様子ではなく、穏やかな感じで。

私が同じ大学で文系大学院に三年通っていた頃。彼らとは比べようもないくらいバカでボーっとした学生だったことを思い出す。関心が内へ内へと向かってばかりで、薄暗くなってしまうそのエネルギーを一割でも二割でも社会に向けなければいけないことはわかっていたのに、方法がわからなくてただ鬱々としていた。何の行動もせずに。

当時の自分が同じ質問をされたら、どう答えただろうと考えてみる。「男女差別を感じたことはほとんどない」と答えただろうか。もしくは、新入生歓迎時期の怒濤のサークル勧誘で聞いた「僕たちのサッカーサークルは男子二十名、マネージャー女子二十名で活動しています！」っていうような言葉を思い出したりしただろうか。

ああいう勧誘にツッコミを入れたい衝動はあったけれど、当時の私はジェンダーの問題にほとんど無頓着だった。「フェミニスト」を「女性に優しい男性のこと」と思い込んでいたくらい。フェミニストに対するバッシングも当然知らなかった。

大学院を何とか卒業してライターになってからも、「男尊女卑」を意識したことはあまりなかった。ときどき、「若い女性だから仕事を取れる」とか、「女性は枕営業できるから」みたいなことを男性から言われたことはあったような気がする。芥川賞候補にもなった松尾スズキの小説『クワイエットルームにようこそ』(二〇〇五年、文藝春秋)を読んだ人が、「そうそう、女のフリーライターって、みんななぜか二十八歳なんだよな」と言って笑う、その意味を考えたりしたこともあった。「銀座のホステスは接客のために日経新聞を読む」とかもそうだけど、ああいう話って都市伝説みたいに実態がないというか、面白がる人の気持ちを反映してエピソードが盛られていくように思う。

二〇〇八年三月。二十七歳のときに、同じようにフリーライターをしていた一歳年下の男性と一緒に起業して、彼が代表、私が副代表になると、仕事先で彼と自分の扱いに差を感じることはあった。彼にはにっこりと丁寧に対応していた人が、私にはこちらを見ずに名刺を片手で渡す、とか。でもそれは男女差別というよりも、一応「取締役」という肩書きなのに、そうは見えない自分に問題があるのだと思っていた。私のことを彼のアシスタントだと勘違いする人は多かったし、名刺に取締役と書いてあるのを見ても実質的にはそうなのだろうと見なしている人もいたと思う。

周囲には同じように二十代で起業している人たちもいて、彼らの場合代表も副代表も男性。副代表だった男性たちは、代表と差をつけた扱いをされたり、秘書みたいに思われたりすることがあっただろうかと今になって考えてみる。多分あんまりないんじゃないだろうか。

とはいえ、当時そういうことがあんまり気にならなかったのは、私だけではなくて会社自体が社会から舐められていたからということもある。二十代の元フリーライターたちがやってる、できたばかりの編集プロダクション。仕事はウェブ媒体の下請け。起業した二〇〇八年頃は今よりもずっとネット記事の評価が低かったから、得体が知れない会社と思われていても無理なかったと思う。早く見返してやりたいとずっと思っていて、それに比べたら「男女差」には関心がいかなかった。

起業した頃から月に一回、子どもを持つ女性にインタビュー取材する仕事があった。少なくとも六年は続けていたから、話を聞いた女性は七十人ほどいると思う。テーマは働き方や、育児・家事と仕事の両立について。当時の私はまだ結婚もしていない。子どももおらず、普通の企業にも勤めたことのない私が働く母たちの話を聞くのに適任とは思えず、最初は手探り状態だった。うまく話を聞けているのか自信がなかったし、実際、当時の原稿の出来はそれほどよくなかったように思う。

あるとき、私はそれまでしなかったことをした。その日に取材した女性が、「保育園に預けている子どもがさみしがっていないかが心配。子どもに悪いことをしているのかもって思うこともあって……」と不安を口にしたときだった。

「私は共働き家庭に育って、母はずっと働いてたんですけど、働く母をずっと尊敬してましたよ」

ふいに私の口から言葉が出た。

それまで、取材で初対面の人に自分のことを話すなんてほとんどなかった。ライターとして話を聞きに来ているのに、自分の話をする必要はない、むしろ失礼とも思っていたから。でもなぜかこのときは喋っていた。

それを聞いて反応したのはまず横にいた女性の同僚だった。「ほら〜、大丈夫なんだよ〜」と女性に声をかけて、声をかけられた彼女は泣き出しそうだった顔を少しゆるめた。

この一件がずっと忘れられなかった。思えばそれまでも、取材の途中で彼女たちから「働いていることへの後ろめたさ」を感じることがあった。

私自身は共働き家庭で育ったので、結婚しても子どもが生まれても働き続けるのが普通だとずっと思ってきた。「子どもを育てながら企業に勤めるのは無理そうだから、他の働き方がいいなあ」などと考えていた子どもだった。子どもを預けて働くことへの後ろめたさ、という感覚が私にはほとんどなかったこともあって、なんだか胸が痛くなったのだ。女性たちがその気持ちを持つことが不思議なのではない。彼女たちにそう思わせている社会に対して、疑問を持った。

小学校の頃、年に何回か避難訓練があった。災害時の予行練習で、児童の親たちが学校まで子どもを迎えに来る。一人、また一人と同級生がいなくなる中で、最後に残るのは学童保育組だ。共働き家庭で、親が迎えに来ることができない子たち。年輩の女性教師は、別に悪気はなかったのだと思うけど（彼女の子どもだって同じであるはずだし）、私たちを見ながら「ステゴザウルスたち」と言った。

校門前の冷たいコンクリートの階段に座って待ちながら、なんとなく私は「お母さんが迎えに来てくれなくてさみしがっている子ども」でいないといけないような気がしていた。こういう気分になることは、繰り返しあった。

「お母さんが家にいないなんてかわいそう」。子どもの頃の私はそう思われることがイヤだった。そして今、目の前の女性たちは、母の立場でこの言葉を向けられている。

これって何なんだろう？　そう思ったとき、私は「共働き家庭の子どもは「かわいそう」ですか？」という記事をネット上に書いた。二〇一四年の六月だ。

両親が働きに出ている子が、さみしさをまったく感じないと言うつもりはない。さみしいと思う子だってもちろんいるだろう。でも、よそから「かわいそうね」って口を出す必要は全然ない。それぞれの親子のコミュニケーションの取り方があるのだから、「共働き」という事実だけで「かわいそう」の枠にはめられたらたまらない。そういう気持ちを記事に書いた。

この記事が、えらいことにＹａｈｏｏ！ニュースのトップページに載ってしまった。

トイレの中でスマホを見ていた私は、「あかん……」とつぶやいた。ご存じの方もいると思うが、Ｙａｈｏｏ！ニュースのアクセス数は月間百五十億ＰＶ。トップページに載るだけで、数万人の人がその記事を読むことになる。こういう女性が書いた女性の主張の記事が目立つ場所に置かれたとき、批判寄りの賛否両論にまみれるのは経験上よく知っていた。

まず、働くお母さんたちからは「感動した」「書いてくれてありがとう」というメッセージをたくさんもらった。会社に直接電話をくれた方もいる。一方、それほど多くはなかったけれど、専業主婦のお母さんから少し反発があった。「保育園の子どもたちにどれだけ税金が使われているのかわかっていますか」とか、「専業主婦はどんどん肩身が狭くなる」というようなコメントだった。ツイッターで少し意見を交わす中で、「私だってもう少し子どもが大きくなったら復帰したいと思うけど……」という言葉を漏らす人もいた。彼女たちにも彼女たちの不安があるのだと知った。記事内では専業主婦のバッシングなんてしていないけれど、兼業主婦への応援が、専業主婦批判に見える人もいるのだと思う。

そしてうんざりしたのが、主に年輩の男性たちからの言葉だ。「働いていたとしても女性は子どもを一番に考えるべきだ」とか「母が家にいない子どもは歪む」といった感情的な意見がFacebookのダイレクトメッセージを使って送られてきた（現在は友人ではない人からのDMを受け取らない設定にしている）。

三歳児神話は今や否定されている。子どもにはそばで見てくれる大人が必要だが、それは「母」でなくて「父」でもいいし、祖父や祖母でも保育士でもいい、他人でもいい。むしろ子どもの頃から、家族だけではない大人と触れ合う方がいい、そういう研究結果だってあるのに、いまだに熱狂的に母性を信仰している人がいる。それに、何人かの人に関しては、本気で子どもがかわいそうだと思っているというよりも、「働く女はわがままだ」という気持ちが、背後にあるようにも感じた。意見を言う女は面倒だ、と言ってもいいかもしれない。

「私の妻にも聞いてみましたが、今はもう女性が働きづらいなんてことはないですよ。あなたが言い立てるように女性差別なんてないんです」

恐らく私と同世代くらいの男性からのそんなメールを見て、つくづく日本は女性が働きづらい世の中なのだなあと思った。「女性差別」なんて言葉を一切使っていない記事、共働き夫婦の子どもに「かわいそう」を押し付けないでと書いただけの記事でも、これだけの反発が来る現実がある。

「批判されたくないなら、わざわざそんなこと書かなきゃいい」と思う人もいるかもしれない。そう、書かなきゃいい、言わなきゃいいんである。働きづらさや生きづらさという、ある立場の人から見た世の中の不均衡。それを口にしなければ、世の中は平和だし、誰も怒らない。けれどいったん構造に物申し始めたとき、世界は一変する。

現代には「男女平等」という薄いフィルムがかかっていると思う。男女共同参画社会基本法（一九九九年施行）があって、男女差別はいけないという建前がある。日本は一九八五年に女性差別撤廃条約を批准するにあたって、父が日本人で母が外国人の場合は日本国籍を与えるが、母が日本人、父が外国人の場合は与えないという国籍法を改正したり、男女雇用機会均等法をつくったり、家庭科は女子のみの履修だった学習指導要領を変えたりした（男女共修は中学校が一九九三年度、高校が一九九四年度から）。結婚後の姓は、男性側の姓を選ばなければいけないわけではなく、お互いの話し合いでどちらかを選べる。でも実際は現在でも、九六％以上が夫側の姓を選択する。男女の賃金格差は一〇〇：七三、女性の管理職比率は六・九％、国会議員に占める女性の割合は九・三％。[*1]

＊1　順に、「平成二十八（二〇一六）年賃金構造基本統計調査」（厚生労働省）、「女性登用に対する企業の意識調査」（二〇一七年／帝国データバンク）、「女性の政治参画マップ２０１７」（内閣府男女共同参画局）、「平成二十八年度人口動態統計特殊報告『婚姻に関する統計』の概況」（厚生労働省）
〈文庫版追記〉最新値では、順に九四・五％、一〇〇：七七・九、十五・七％、一〇・八％。

形式的な平等がお膳立てされ、「この平等、使っていいよ」ってことになっているけれど、個人が実際に使おうとすると、「えっ、本当に使っていいと思ってたの？　そこは空気読もうよ」と言われたりする。空気を読んで最初から使わないことが、「賢い女」の証と褒められることもある。

男女平等の薄いフィルムをそーっとめくると、面倒くさい現実が見えてしまうから、あえてめくらない人も多いのだと思う。気付かない方が楽っていうのはあるだろう。

今の世の中で女性だけが大変だと言いたいわけではない。日本のいろんなところにガタが来ていて、働き続ければ給料がアップするわけでもないし、年金がもらえるかどうかわからないし、「稼ぐこと」を構造的に担わされている男性だって大変だろう。ベビーカーを押したり、抱っこ紐で子どもを抱えていたりする父親を、「男らしくない」「尻にしかれてる」とか言う人もいまだにいると聞くし、そういう人がいるのであれば、これだけ言われてもなお男性の育休取得率（約三・一六％）[*2]が上がらないのももっともだと感じる。使う人の意識が伴わないと制度は機能しない。だから「男らしさ」「女らしさ」からそれぞれを解放していけばいい。女性が働きやすくなることは、男性の働き方の幅を狭めることではないと私は思うのだけど、なぜか「女性が権利を口にする」ことをひどく嫌う人たちがいる。

「女性が」というよりも、「弱者が」と言った方が正しいかもしれない。

あるとき、私よりも若い女性が、こんな風につぶやいたのを聞いたことがある。

「セクハラでもパワハラでも残業代が払われないのでもそうだけど、やられた方がそれを言った途端、会社は態度を変える。「お前、そういう面倒くさいこと言い出すヤツだったのかよ」って」

不公平を指摘すると「面倒くさいヤツ」認定される。散々ひどい目に遭わされて、絞り出した声を「そんな言い方じゃ、誰も味方にならないよ」と言われる。そんなことが、これまで何度繰り返されてきたのだろう。

弾き出された側から見た世界のさみしいこと。多くの人はそんな世界を見たくないから、「弾き出された側」にならないように、慎重に薄いフィルムの上を歩く。

数年前、七〜八人の友達とＬＩＮＥグループで連絡を取り合っていた。

＊2　「平成二十八（二〇一六）年度雇用均等基本調査」（厚生労働省）
〈文庫版追記〉二〇二二年度は十七・一三％、二〇二三年度は三〇・一％となった。

あるとき、一人の女性が「友達のことなんだけどさ……」と、そのグループに話題を投げかけた。彼女の女友達の夫が、風俗に行っているらしいという。

「男の人ってやっぱそういうところ行きたいものなのかな？　止める方法ってあると思う？　ちなみにこれ、私の家の話じゃなくて、友達の話だからね！」

彼女のこの問いかけに、返信したのはグループの中にいた男性だった。その男性は、「夫を風俗に行かせないため、浮気されないための十か条」みたいなものを長々と得意げに書いた。内容は「男はそういうものだから許せ」とか、「怒るのは逆効果」とか、「床上手になれ」とかだったように記憶している。

私はもうその頃、いわゆる「フェミニスト脳」がインストールされていた。だからそんな話題をしているLINEグループに送る言葉は一言しかなかった。

「わあ、男尊女卑な世の中だね」

以上。その一言に、十か条を書いた男性ではない他の男性がブチギレた。

「こんなのただの冗談だろ」

「そういうの、お前の仕事だけでやってろよ」

そんなことを言われた気がする。

やり取りを見ていた他の女性たちが、「こういう話題って、やっぱりけんかになっちゃうよね」などととりなして、最終的には話題を投げた女性が「ごめん、こんな話題を出したからいけなかった」と謝った。あんまりにもバカバカしすぎてグループを抜けた後、一言も発言していなかった女性から「あの男たち、クソきもいね」とメッセージが来た。

たとえば、ホストクラブとか女性用風俗に通う妻に悩んでいる男性に、「女はそういうものだから許せ」とか、「怒るのは逆効果」とか、「もうちょっと夜の営み頑張れ」とか言うだろうか。このミラーリングは正しくないかもしれないのであれば、たとえば、夫よりも稼ぎの良い男性の元へ走った妻について、その夫に「女はそういうものだから許せ」とか言うのだろうか。

ブチギレた男性の言うように、ただの友人間の冗談かもしれない。でも女性からのわりと深刻な悩み相談に、そういう冗談を返すって何なのかな。そして本当に冗談だったら、「男尊女卑」の一言にブチギレないんではないか。

さまざまなやり取りを通して私が得た理解は、「男尊女卑」という言葉を、ひどく嫌いな男性がいるということだ。まるで中学生が「セックス」と口にできないように、「男尊女卑」という言葉は、一部の人によって禁忌に映るらしい。

水商売ではよく、お客さんと政治、宗教、野球の話はしてはいけないと言われるが、日本の一般の男女間の多くでは「男尊女卑」ってタブーみたい。これが、ジェンダー格差が世界で百十一位（百四十四カ国中）の日本、建前と本音の国と言われる日本の、ある一面だと思う。

「男性は性欲旺盛、女性はそうでもない」「彼氏は積極的に、彼女は控えめに」「夫は稼いで、妻は夫を立てて」、そんなメッセージは世の中にいまだにあふれている。そういう世界で育ってきてしまって、知らず知らずのうちに男女ともに「夫に浮気されたくないなら床上手になれ」的な考え方を身につけてしまうのは、もうある意味自然なことだと思う。けれども、その考え方の根本にあるものが誰にとって都合がよいのかを考え始めると、「経済力のある男性」もしくは「性欲を理性で抑えられない男性」という答えにしかならない。異性への性欲が抑えられない男性ばかりではないし、稼ぎたいと思う男性ばかりではないのに不自由なことだ。もちろん、自己決定権を奪われがちな女性にとっても。

「今の社会は男尊女卑だと思いますか？」

こう聞かれて、ひるまない人の方が少ないのかもしれない。ものすごく男尊女卑な人なら「男尊女卑ではない」と一喝するだろうけれど、そうではない多くの人たちは、「なんて答えたら男性の機嫌を悪くさせないだろうか」もしくは「女性差別の当事者だと思われずにすむだろうか」と考えるのではないか。

タブーにせず、お茶を濁さずにもっと語らないといけない。私も。「働きたいなんて女のわがまま」とか、「浮気されたくなかったら床上手になれ」って発言が実際にあった。一つひとつは小さいけれど、無視できないムカつきだったのに、「そのぐらい」って言われてしまいがちだ。こういう小さな出来事の一つひとつの向こうに、「ジェンダー格差百十一位」[*3]があるんじゃないかと思うから、黙ってろと言われても黙りたくない。

〈追記〉その後、二〇一七年十一月に発表された最新値でジェンダー格差（世界経済フォーラム調べ）は百十四位にさらに後退。

＊3　ちなみに、二〇一八年四月に、セクシズムに抗議するために行われたイベントのタイトルは「私は黙らない0428」だった。かっこいい。

〈文庫版追記〉そして二〇二四年に発表された最新値では百十八位。

女の人の体が好き

二〇一七年八月二十九日

もうかなり前、二十代前半頃、女友達が「男の人の体が嫌い」と言っているのを聞いて、驚いたことがある。彼女は彼氏の体を見るのも好きではないらしく、セックスのときでも必要以上に見ないようにしていると言っていた。

当時は、そういう人もいるんだなあと思ったぐらいだった。彼女とは十代の頃からの付き合いだが、特に性嫌悪があるとか、男嫌いとかそういうタイプではない。

昔からモテていて、男友達も多い子で、性経験とかもカジュアルに話す人。だからちょっと意外だな、でも人っていろんな面を持っているんだな、そんな風に思ったぐらい。

それからしばらくして、三十代になるかならないかの頃。私は自分が男の人の体をあまり好きじゃないことに気付いた。いや、「好きじゃない」というのは、ちょっと違う。言い方が難しいのだが、取り立てて見たいものだと思えないというか、見ていいものだと思えない。

これに気付いたのは、会社に置いてある女性誌をめくっていたときのことだ。確か『an・an』だったと思う。恒例のセックス特集だったかどうかは忘れてしまったのだが、巻末の方に、確か若手男性俳優か何かのヘアヌードが載っていたのだ（具体的な記憶がすべて曖昧なのは、本当に興味関心が薄いからだと思う）。めくった見開きに載った若い男性の裸体。毛アリ。

ぱたり。

ぱたりと私は雑誌を閉じた。無理無理無理、毛とか無理。毛が一番無理だけど、乳首も鎖骨も無理。下腹あたりの、局部につながっていくあたりの股関節あたりのラインとかも無理。

「これは見てもいいものなのか？」

「見なくてはならんものなのか？」

そのときの戸惑いを表すならそんな気持ち。一体なんだろう、この感覚は。なぜ今さら三十歳にもなって（当時）、男性の体を見ることに「羞恥」に近い気持ちを抱いているのか。バカなんじゃないか。

私はバカだ、と結論付けるのは簡単なので、それから数年かけて、いろいろと考えてみた。その結果を順序立てて書いてみたい。

（1）男性の体を好きな女性がいることは知っている

まず何としても言っておきたいのが、別にかまととぶってこんなことを言っているわけではないということだ。異性の体を性的に見て楽しむなんて野蛮です！とか、そういうことを言いたいわけじゃない。そして、男性の体を美しいと感じたり、見て興奮したりする女性がいることも知ってる。

ここでこの例を出すことは適切ではないのかもしれないが、小学生の頃に家族で温泉に行ったときのこと。母は部屋で休んでいて、私は五歳上の姉と一緒に露天風呂に入った。ぼーっといいお湯につかっていたそのとき、四十歳ぐらいの魅惑的な感じの女性が素早い動作で立ち上がって背を伸ばし、五秒ほど遠くを見やってから「いいもん見た」と一緒にいた女性たちを振り返って笑ったのだ。

その女性が何を見たのか数秒考えたが、やっぱり男風呂を覗いたのだという結論にしかならなかった。覗き（性犯罪）を行う女性を目の前で見たことが衝撃だったし、悪びれず仲間に「いいもん見た」と報告するのもびっくりした。女性の体を見て喜ぶ男性がいることはよく知っていたが、その逆もあるんだなと思った。姉がそれに気付いていたかはわからないけど、気まずくてそそくさと露天風呂を出た。

こんな例を出すまでもなく、男性の体を性的に見る女性はいるのだと思う。それは別に否定しないし、人の指向や嗜好を私が否定できるわけではない。

ただ、男性にも性欲があるように、女性にも性欲があることを示す文脈で、「女だって男の体に興奮する」と言われたりする場合、私はちょっと戸惑う。私も性欲はあるけれど、一方で男性の体には興奮しないからだ。

(2) 私は別に潔癖な人間なわけではない

ここまで読んで、「性欲があまりないからでは?」と思われた方もいるかもしれないが、そうじゃない。「性暴力をなくすために取材・執筆をしています」とか、「昔、性被害経験があります」とかって自己紹介をすると、潔癖で性的なことが嫌いな人だと思われがちなのだが、私はごく普通に性的関心のある人間だ。

下ネタも好きだし、性的なことに関する興味関心は子どもの頃から普通にたくさんある。ただ、小さい会社ながらも「取締役」みたいな肩書きを与えられていたこととか、少人数ながらも「部下・後輩」的な人がいることとか、あとは年齢とか外見とか性格を総合して鑑みて、「セックスに関することを訳知り顔で喋るのって、私には似合わんな」と思うので、仕事で出会う人とはそういう話をあまりしない。要は社会的な見栄。高校時代の悪友とかとはごくごく自然に下世話な話をする。

文章の中で「私だってこんなに性的関心があるよ」アピールをするのも、あんまり自分の思うところではないのだが、いくつか例を挙げると、小学生の頃。当時マンションに住んでいて、かぎっ子だった。私が一番早く家に帰ってきて一階にあるポストを開くと、よくいかがわしいピンクチラシが入っていた。ああいうのをこっそりと熱心に読む女子小学生だった。

中学生になってからは、『エルティーン』って雑誌をたまに購読していた。同世代の女性は知っているかもしれない、『エルティーン』。十代の女子の性的な体験談とか、漫画とか、セックスについてのノウハウがふんだんに書かれた雑誌だった。今となってはどこまで本当かわからないが、痴漢やレイプの体験談もあったし、学校の先生とのいけない性体験のエピソードもあった。それで当時、安室奈美恵とか上戸彩とかが表紙だったから、びっくり。人気がなかったということではないと思うのだが、二〇〇五年に休刊（余談だが、数年前にこの雑誌を発行していた出版社に「当時の編集部の方にお話を聞きたいのですが……」と取材を申し込んだところ、「当時の人間がもういませんし今の時代ではあり得ない内容ですから」という理由でピシッと断られた)。

十代の頃の私は、自分に性的な関心・欲望があることを充分に知っていた。だからこそ、性被害に遭ったときに、「勝手に触られたくない」という気持ちと、「でも自分にも性的な欲望がある」という事実の間で葛藤した。自分だって性的な欲望を持ついかがわしい人間なのだから、それぐらいいいんじゃないかという気もした。今は、性的欲望を持つことは別にいかがわしいことではなくて、健全なことだと知っているし、一方で相手の同意なく勝手に性的行為をすることは暴力だと知っている。セックスとレイプ、同意のある性的接触と性暴力は全く違うものだけれど、混同する人が多い。自分のことを尊重してくれる人は、同意なく性的行為をしたりしない。そういうことを、当時知っていれば、思春期にあんなに悩んだり自分を傷つけたりしなくてすんだかもしれないと思う。だから念のために言うけれど、私が小学生時代にピンクチラシを見ていたと書いた事実を以て「女子小学生だって性的関心があるんだから、そういう行為をしたっていいじゃないか」とか思わないでほしい。

話がずれたけれど、そんなわけで私は普通に、健全に、性的欲望を持つ一人の人間だ。人と比べるのは難しいけれど、性欲が弱い方だとは思わない。

（3）AVの中で見る男性の体には、特に何も思わなかった

海外では、インターネット上でポルノを見るのはむしろ女性が多いという調査結果があるそうだが、私もポルノは見る。二十代の頃にAV女優さんのインタビューをしていたことがあったし、仕事のためでなくても見ることがあった。就職活動の際に、ソフトオンデマンドにエントリーしたこともある。ちなみに、AV強要被害の取材を始めてからポルノに関しての考え方は少し以前と変わったのだが、それはまた別の話なので、ここで詳しくは書かない。

で、AVの中には女優さんだけではなく、男優さんの体も出てくる。私は女優さんの体だけが映っていればいいという嗜好を持っている。以前、取材したAVメーカーの方が、「男性は男優の体が邪魔だと思っている。男性器の挿入だけ映っていれば、それ以外の体は邪魔。だから壁から男性器が出ている作品を作ったこともある」と言っていた。男優さんの体が邪魔というのは、私の気持ちに近い。男優さんに気の毒だから邪魔とまでは思わなかったが、関心を払って見ることもなかった。

逆に言えば、『ａｎ・ａｎ』のヘアヌードに感じるような「見たくない」感じも

なかった。私にとっては、男優さんの体は『ａｎ・ａｎ』へアヌードに比べて性的に見えなかった、のかもしれない。失礼な話だが、「女優さんの体を魅せるための装置」のように映っていたのかも。

以前、ツイッターで女性が「ＡＶで私が見るのは男の体！　男の体をもっとカメラに映せ！」みたいな内容をつぶやいて、それが結構拡散されていた。現代では女性向けＡＶもあるし、女性に人気のイケメンＡＶ男優さんもいるので、そういう感じ方の女性も多いのだと思う。でも繰り返しになるけれども、私は男の人の体に興奮しない。女の人の体に興奮するのだ。

（４）女性の体を見るのは恥ずかしくない。むしろ好き、大好き

『めぞん一刻』などの作品のある高橋留美子先生の描く女性の体ってすごくきれいだ。おっぱいがぷりっと上を向いていて、ウェストがくびれていて、全体的にしなやかにまとまっていて隙がない。ああいう女性の体がすごく好き。実際にそういう体に近い人を見ると、抱きたい、と思う。

女の人を口説いてみたいなあという気持ちが私にはある。でもそれは、女性として女の人を口説くのではなく、男性になって口説いてみたいという気持ち。男性の

体になって、女の人とセックスしたいなあという気持ちがある。だって、女の人の体って柔らかくて気持ちよさそうだから。

自分だって一応は「女の人の体」を持っているのに、なぜ「気持ちよさそうだから」になるのか。それは私が性的な意味で女の人を抱いたことがないからだ。

おじさんが読むような週刊誌のグラビアでは、当たり前のように女性のヘアヌードが載っている。私はそれをじっと見てしまう。もし電車の中でおじさんが食い入るようにこれを見ていたら「キモい」と思わずにはいられないと思うのだけど、私は自分の家でこっそり、女性のヘアヌードを見る。きれいだし柔らかそうだし、ずっと見てたい。男性のヘアヌードに感じるような、「なんだ君は、なぜここで脱いでいるんだ」というような混乱は持たない。

私は男性に対しては、好みの外見というものがあまりない。でも女性に対しては、好みのタイプが明確にある。理想像を突き詰めると、「ヨガ講師をしている身長一五八センチCカップ、あびる優さんに似ておでこのカーブが美しい二十八歳女性」が好きだ。自分がそうなりたい、というのとは、ちょっと違う。

（5）なぜ女の人の体が好きなのかについての四つの仮説

なんで男の人の体に興味がなく、女の人の体が好きなのか。仮説を四つ考えてみた。

その1：男性の体に欲望を感じることに罪悪感を覚えるから

（1）にも書いた通り、子どもの頃に覗きをする女性を見たことがある。あと、子どもの頃に見たテレビドラマで、「男性ストリッパーに群がって、札束を下着に差し込む女性の描写」を見たことがある。あれもわりと強烈だった。

ああいうのを見たことで、「男性の体に欲情する女性」に対して、嫌悪感があるのかもしれない。または、パートナー関係にある男性以外の体に欲望を感じることに罪悪感を覚えるのかもしれない。

その2：性的なトラウマ

十代の頃に、何度か露出狂の被害に遭っている。夕方に自転車を走らせていたら、車のドアの陰に立っていた男性から道を尋ねられ、答えようとしたらその人が全裸だったのだ。昼間の山手線で、斜め掛けカバンに隠して男性器を見せてきた人には、同じような時間帯に二回遭遇してしまった。
見たくもないもの見せんなよ！　という怒り。気持ち悪さ。恥ずかしさ。そんな感情が昇華して、いつしか「男の人の体とか、ほんと無理」になったのかもしれない。

その3：男性の裸体より女性の裸体の方がごく自然にそこにあったから
しかし、仮説1と2では、男性の体を見たくない理由は説明できても、女性の体を好きな理由は説明できない。
子どもの頃を思い出してみると、女性の裸体に「恥ずかしさ」を覚えたことも確かにあった。近所のお寿司屋さんに家族で行ったとき、壁に、ビールジョッキを持った笑顔の女性のポスターが貼られていて、さわやかな笑顔とは裏腹にその人はトップレスだった。おっぱい丸出しだった。腕や首のあたりは日焼けしているのに、おっぱいだけ白くて、それがまたエッチだった。三十年以上前とはいえ、外食する場所であああいうものを見たのはそのとき限りだったと思う。当時私は、小学校低学年か保育園児だったのではないだろうか。「コウキョウの場」に、ああいうものが貼られていることにショックを覚えたが、同時に性的なむずむずも感じたような気がする。「見ていいのかな。いけないよね……」という気持ちでチラチラと見た。そう、最初は女性の体にも「見ていいのかな？」という気持ちがあったのだ。お風呂場で見るお母さんの体と、ポスターに貼られている女性の体の違い。ポスターの女性の体は、女児でもわかるぐらいに「脱がされ」ていた。でも次第に慣れていった。

テレビの二時間ドラマで必ず女性のヌード付き温泉シーンが入る。深夜ドラマではなく、二十一時からのドラマでも女子高生の生々しいレイプシーンがある。時代とともにそういうのは徐々に減っていったとはいえ、やっぱり映画でも漫画でも雑誌でも、性的に脱がされているのはいつも女性だった。

「性的な視点での体」という意味で、女性の裸体には慣れていても、男性の裸体には慣れていない。だからポーズを取っている男性のヘアヌードを見るのは恥ずかしくて、女性の裸体は積極的に性的な目線で見てしまう、のかもしれない。

その4：同性愛的な指向を持っている

性教育関連の活動をする女性を取材したとき、彼女が「性的な指向はグラデーション」と言った。彼女は男性と結婚して子どももいるが、「女の子が好きだなって思う気持ちはちょっとあったし」とも言う。そのときはあまりピンと来なかったが、今はなんとなくわかる。

多様性の考え方がメジャーになってきた現代では、性のあり方は、「男性」「女性」「男性が好きな男性」「女性が好きな女性」だけではなく、もっと複雑なものだと考えられ始めている。ジェンダーアイデンティティと、どんな格好をしたいか。それは人それぞれ。私の場合、自分を女性だと思っているし、男性との恋愛やセックスを好むし、どちらかというと女性っぽい格好をするけれども、「見る」という欲望においては女性の体の方が好き。それが「同性愛的な指向」というのかどうかはわからないが、仮説3で書いたように成長過程で身についた指向ではなく、もしかしたら生まれもってのものなのかもしれない。

仮説1から4までどれが合っているのかわからない。もしかしたらいくつか、もしくは全部が複雑に絡まり合ってのことなのかもしれない。

でもこういうのって、考えれば考えるほどつくづく面白い。多様性が言われ始めた時代とはいえ、現代ではまだ「男性は女性の体が好き」ってことが一番の「当たり前」だから、そういう指向の男性ほど、突き詰めて考える必要がないんだと思う。

でも考えて語ってみたら、案外人によってそこに至った経緯は違うんじゃないだろうか。単純に言い切れないからこそ、面白い。

美人とセクハラ

二〇一八年二月二十二日

普段は、性被害の支援や、何らかのかたちで性暴力をなくすために活動している人と、「性暴力」の話をすることが多い。ときどき、そうではない人に「小学生の頃に痴漢に遭った」話をすると、「かわいかったからでしょう」と言われることがある。

いや、当時私は、トレーナーの袖口に鼻水がついてそうな子どもだった。粉がふいている膝小僧を気にせずにキュロットをはいていた。

なんてことは、ひとまずどうでもいい。性被害の支援の現場や、性暴力に関する議論で、被害をその人の美醜と結びつけるのは、「やってはいけない」行為だ。それはもちろん、「お前みたいなブスが痴漢されるわけないだろ」「触ってもらえただけありがたく思え」といった心ない言葉で被害を無効化されてきた人がたくさんいるからだ。

人から言われなくても、「私のような容姿では、被害に遭ったと信じてもらえないだろう」と思い込み、被害を胸にしまう人もいる。容姿や年齢で「被害に遭わないはず」と決めつけるのは、典型的な二次加害であり、偏見。

たとえば電車内の痴漢については、派手な外見の人よりも、被害を訴えなさそうな大人しそうな人が狙われる傾向があることはよく言われている。だからこそ、「支配しやすそうな」制服の学生が狙われやすい。

支援の現場にいる人たちは、被害者の外見や年齢と被害に遭いやすいかどうかを結びつける危険性をよくわかっているので、繰り返しこのことを訴えている。でも、こういう考え方はまだ非常に根強い。「痴漢されて騒ぐのはブスだけ。美人は黙ってる」なんて言う人すらいる。ブスだと思われたくないなら黙ってろってことだ。なんという加害者支援。怒っても怒っても足りない。

少し前に、私（三十七歳）と同い年ぐらいの女性から、「最近、電車内で痴漢に遭った」と聞いた。彼女を痴漢した相手は、二十代前半に見える、一見さわやかなイケメンで、ニヤニヤしながら逃げられないように体を押し付けて触ってきたそうだ。もし声を出して助けを求めたとしても、周囲から狂言だと思われるのではないか。そう思って声を上げず、次の駅で降りたという。

彼女は、「もし痴漢だと指摘されても、自分の方が信じてもらえる。そういう相手を狙ってるんじゃないかと思う」と言った。社会がいまだに「強姦神話」[*1]と言われる性暴力被害者への偏見から抜け出せない一方で、世間の偏見を逆手に取る加害者もいるのかもしれない。

そして、「ブスは痴漢されない」「美人は狙われやすい」には、さらに問題がある。セクハラや痴漢、それ以外の性被害にあったときに、人に話すと「それ、自慢？」と言われる問題だ。

性暴力は、他者の意思を無視して侵害する行為。人を尊重することは、相手の意思を尊重すること。

その二つを理解してかけ合わせれば、性被害が「自慢できる行為」なんて解釈にはなり得ないのだけど、いまだに「モテ」の延長と理解している人がいる。というか、そう誤認させる情報が世の中にあふれている。

「それ、自慢？」を恐れる人は多い。ほとんどの女性は、「ブス（あるいはババ

＊1　「被害に遭うのは隙があるから」など、レイプに関する偏見を「強姦神話（ｒａｐｅ ｍｙｔｈｓ）」というが、最近では偏見を「神話」と表現することへの違和感も指摘されている

ア）のくせに」と「それ、自慢？」の両方を恐れたことがあるのではないだろうか。

「あなたみたいなきれいな人がいたら、男性が仕事にならないかもしれないね」

採用面接でそんなことを言うのはセクハラだが、言われた女性は傷ついてもなかなか人には言えない。言えば、「自慢したいの？」と言われるから。言われなくても、心の中でそう思われるかもしれないから。

性暴力の取材を始めてからしばらくの間、私は性被害と美醜の関係について考えたことがなかった。それはすでに述べた通り、被害と外見を関連付けて論じることがタブーだからだ。考えたらいけないことだった。世間では被害と外見を関連付けることが当たり前に行われているからこそ、支援の現場ではタブーなのだ。

でもその一方で、こんなことも耳にする。

イベントコンパニオンをしているある女性は、被害に遭って警察に相談した際に、警察官から「あなたみたいな雰囲気の人は、若いから被害に遭うわけではない。四十になっても五十になっても、何歳になっても被害に遭うから気を付けなさい」と言われたという。

アナウンサー経験のある女性が、「セクハラは、もちろんあるよね。レイプに近いことも」と言う。

レイプドラッグが話題となっていた時期に、キャビンアテンダントの女性が「飲み会に行ったら薬を入れられるなんて以前からある。そんな珍しいことじゃない」。モデルの女性は、仕事に向かう途中で痴漢被害に遭い、警察に届け出るから遅刻することを伝えると事務所からキレられ、報酬を支払えないと言われた挙句、次に同じような被害があってもそういう対応をするなと言われたという。友人からは、「そんなことで」「処女じゃあるまいし」。

ここに書けない内容もある。私が言いたいのは、やっぱり美人は被害に遭いやすいということじゃない。「美」が求められる（と思われている）業界に身を置く女性に対しての、偏見だ。ルックスを武器に仕事をしているんだから、多少のセクハラも性被害も我慢しろという偏見。「していいはずだ」という加害者目線。

昔からの知人に、モデルと並行しながら複数の仕事をしていた女性がいる。彼女は、他の仕事のために国家資格も持っている。私とのメールのやり取りで、彼女はこんな風に書いた。

「ルックスで仕事をするのは、ある意味女であることを商売にしているので仕方ない部分もあるのかもしれませんが（本当は仕方なくないけれど）、実感として「モデル」と他の仕事だと、明らかに男性からの扱いが違いました。やっぱり「モデル」が一番、人間扱いされないというかなんというか。同じ見た目なのに、いるだけで性的なイロモノで見られるというか。例えば初めて出会った人に「月〇万で愛人にならない?」とか「男途切れなそうな顔してるね。何人男いるの?」とか「うまい男とセックスしたことある? イったことある?」とか失礼なこと言われるのって、圧倒的にモデルのときでした」

モデルが一番、人間扱いされない。これは、「美人は得」という世間の常識と真逆だと思う。単なる美人ならまだいいのかもしれない。美を売りにする(と思われている)職業についた途端、性を売り物にしていると思われる。もっと言えば、男の相手をするのが当然という視線に晒される。単にその職業のプロであるというだけなのに、「玄人の女性」かのように見られる。

いきなり愛人交渉をされたり、性的な関心をあからさまに口に出されたりすることは、「モテ」ではない。現に彼女は「人間扱い」されていなかったと感じている。まるで売り出している商品を見るような扱いだったからだ。

さらに感じるのは、「被害に遭ったときに大げさに騒ぎ立てるのは賢くない」という意識が、こういう業界の女性たちの中でかなり徹底して共有されていることだ。

「セクハラされたなんて騒いだって、あなたが損をするだけだよ」、そんなことを言われるのは他の業界でもある。でも彼女たちは、他の仕事をしている女性たち以上に、「嫉妬を避けなければならない」気持ちが強いのではないかと私は思う。それは、嫉妬がいかに怖い感情かということを、充分に知っているからだろう。嫉妬は共感の逆方向にあるものだ。

共感は求めない。けれどせめて嫉妬は避けたい。そんな切望を、彼女たちのエピソードの節々から感じる。

美人への嫉妬というと女性から女性へのものと思われがちだが、美人は男性からも嫉妬される。美という、持って生まれた「才能」への嫉妬だ。立っているだけで注目される存在は、男女両方から羨まれるが、同時に嫉妬も集める。その才能を使って経済力を得ようとすれば、さらにである。蔑まれることとすらある。

もちろん、自分の持った美しさを持て余すことなく、他人からの羨望も嫉妬も、うまく乗りこなしていける美人もいるのだと思う。嫉妬攻撃をつるっと剝ぐことができる才能の持ち主もいると思う。でも、「美人はいいよな。人生イージーモードで」の風潮にうんざりしている美人も意外といる。

モデルの彼女からのメールの続き。

「今、子育てを楽しめているのは、そんな経験があったからというのもひとつの理由かもしれません。「女」に疲れたタイミングで「おかん」になって。ほぼすっぴんで常に子どもと一緒に移動していて、自分のことは適当で、産後太りも戻らず。性的対象や嫉妬の対象から外れてる感じが非常に楽だな〜、と思うし、気持ち良いです」

勝手に商品棚に並べられている感覚からの逸脱。

二〇一七年十月に、アメリカの女優アリッサ・ミラノが呼び掛けた「#MeToo」。もともとは、ハリウッドの絶対的な権力者だった映画プロデューサー、ハーヴェイ・ワインスタインに対する告発が始まりだった。

ブスがセクハラを告発するより、女優たちがセクハラ告発をする方が楽だと思うだろうか。でも、「ブスはセクハラされない」という偏見と、「美人はセクハラされて当たり前」はセットなのだ。特に女優のように、美を武器にすると思われている職業ならなおさら。

私は「#MeToo」が始まったとき、有名スターが「自分も性暴力の被害者だ」と声を上げることに大きな意味があるという一面しか理解していなかった。でも恐らく、それ以上に、彼女ら・彼らが抑圧をはねのけたことに意味があるのだと今は思っている。抑圧とはつまり、「お前らは被害者ぶったりしないよな。そういう商売なんだから」の圧。

日本の芸能界において「#MeToo」が起こらないのはなぜなのか。[*2] 日本の芸能界がクリーンだからなんて思っている大人はいくら何でもいないだろう。

＊2　グラビア女優の石川優実さんは二〇一七年十二月二十一日に「#MeToo「私も。」」というタイトルでブログに文章を発表。自身が経験した性接待の強要について書いた。文末には「私はもう、この記事によって人に嫌われたり仕事がなくなったり、汚い身体を売る女だと言われても良いという覚悟で書きました。結婚もしていなければ彼氏もいないし、子どももいないし大切な仕事が決まっているとかもないし。特に守るものがないのです」とある。社会の中にある性接待について考える際に、多くの人に読んでほしい文章。

透明な痴漢常習者

二〇一八年三月四日

女性専用車両に男性が乗り込んだ事件が話題になっている。[*1] ツイッター上では、いろんな意見がある。こういった議論の中では、「被害者たち」が必ず声を上げる。私も電車内での強制わいせつの被害者のひとりであり、彼女ら彼らの意見に基本的に同意する。そして、声を上げた被害者に対して中傷や心ない声や「痴漢冤罪の責任を取れ」といった筋違いの暴言が浴びせられる一方で、性犯罪の加害者は基本的にその場に「いない」ことにされ、無傷で居続けていることを、常々不思議に思っている。加害者は自分で「痴漢です」って名乗らないから、議論の現場にいなくて当たり前。まあそうなんだけれども、加害者は本当に私たちの目の前にいないのだろうか。

ツイッターで少し探すと、「痴漢」行為を楽しみ、それを記録するアカウントは複数見つかる。探すのは難しくない。

「痴漢」で検索すると、まず目に入ってくるのは「痴漢」「待ち合わせ」「痴漢されたい」といったキーワードをプロフィールに載せる女性アイコンのアカウントだ。〝彼女〟たちは、「○○線○○行き○分」「今から××で触ってくれる人いますか」といったツイートをする。そして、彼女たちをフォローして、そのツイートに「DMできる？」とリプを送るアカウントたちがいる。

〝彼女たち〟が実在なのか、それともネット上で女性に扮した男性なのか、いわゆる〝釣り垢〟なのかはわからない。

そして、こういう女性アカウントをフォローしたり、リプライを送っているアカウントをたどると、痴漢常習者だと思われる人のつぶやきを見つけることができる。『男が痴漢になる理由』（二〇一七、イースト・プレス）を書いた精神保健福祉士の斉藤章佳さんに取材した際には、斉藤さんから「仕事を頑張ったから（痴漢ぐらいしても）許されるだろう」「冤罪もあるのだから自分は触ってもいい」など、罪悪感

＊1　二〇一八年二月十六日、通勤ラッシュ時に東京メトロ千代田線の女性専用車両に複数の男性が乗り込みトラブルとなった影響で遅延が発生した。男性たちは以前から女性専用車両に反対する活動を続けている団体のメンバーだった。

を持たない加害者心理について聞いた。他の性障害専門の方は、「痴漢の常習者は「自分は優しく触っているから痴漢じゃない」と勝手な解釈をしてしまうことがある」と言う。

普通の感覚からすると、こういった心理状態は理解しがたい。言葉だけで聞いても、よくわからない。でも、痴漢常習者と思われるアカウントのつぶやきを眺めていると、段々わかってくる。

彼らは、「痴漢されても構わない女性（子どもを含む）」「痴漢されたい女性（子どもを含む）」がいることを固く信じている。彼らの言葉で言えば「痴漢ＯＫ子」。痴漢行為は「痴漢ＯＫ子」を探すための冒険であり、見つけてほしい「痴漢ＯＫ子」にとっては、彼ら自身は勇者のような存在であるとさえ思っている。

彼らの頭の中では、痴漢ＯＫ子は非常に多く、嫌がる子、痴漢行為によって心身に傷を負う子はほぼいないことになっている。そして痴漢ＯＫ子を見つけるために、そうではない子に触ってしまうことは、彼らの冒険の中での些細なバグである。

彼らや、「痴漢待ち」の女性アイコンのつぶやきを眺めていると、女性である私でさえ、痴漢ＯＫな女性は意外に多いのかもしれないと思えてくる。だからとても危険だ。「ミイラ取りがミイラ」のことわざを出すまでもなく、誰彼構わずこういったツイッターアカウントを紹介するのは危険なことなのだとも思う。

制服で通学していた高校生の頃は人生で一番頻繁に痴漢に遭った時期だが、夏休みの山手線で被害に遭ったときのことは中でもよく覚えている。乗車率は七〇％程度だっただろうか。それほど混んではいなかった。ドア付近に立っていた私はパンツの中に手を入れられ、性器の中に指を突っ込まれた。膣の中が傷つくような、とても痛い触り方だった。私は体をずらして逃げようとしたが、相手はパンツに手を入れたままついてきた。周囲にはその行為に気付いていた人もいたと思う。けれどあまりにもあからさまに触られているので、「同意の行為だ」と勘違いした人もいたのではないだろうか。まるで共犯者になったようで、気持ち悪くて恥ずかしくて仕方なかった。

渋谷駅に着いて私が電車から降りると、その痴漢は私の手をつかんで、ニヤニヤしながら「ちょっとついてきて」と言った。その手を振り払って逃げた。

あの痴漢は、私がその行為を「喜んでいる」と思ったのだろう。そうでなければ、あんなに厚かましいことをできないだろう。その場で私が「この人、痴漢です！」と叫ぶ可能性なんて、微塵も考えなかったに違いない。

痴漢常習者と思われるアカウントの中には、「電車内で触る行為はＯＫでも、降りてからはNGという子もいる。そこはマナーを守ろう」なんていう内容のつぶやきさえあった。彼らの頭の中には、「怖くて抵抗できない」「恐怖で体が固まっている」女性は存在していないのかもしれない。黙っている子は「OK」。体を震わせていたら「感じている」。ふらついた子は「体をすり寄せてきた」。睨んだら「アイコンタクトを取ってきた」。そんな強烈な認知の歪みが恐らくある。

「痴漢抑止バッジ」というバッジがある。痴漢被害に遭い続けた女子高生が発案したバッジで、「私は泣き寝入りしません」「痴漢は犯罪です」などの文字がデザインされている。このバッジが報道されたとき、「こんなバッジごときで痴漢するような異常者が怯むわけがない」という反応があった。けれど今のところ、このバッジをつけていた際に痴漢に遭遇した女性はいないという。

加害者の思考をたどれば、理解は難しくない。痴漢行為を行う加害者は、「痴漢OKな子」を触っているつもり（＝自分は犯罪者ではない）なのだから、はじめから「NO」という意思を示している子を触るわけがない。彼らの中には認知の歪みと理性が混在している。

痴漢行為はリスクが高すぎるのに、なんで痴漢なんてする人がいるのだろう。そういう店に行けばいいのでは？　そんな疑問を持つ人もいるだろう。

けれど、痴漢冤罪に怯える男性が知らず、痴漢常習者だけが知っている事実がある。痴漢しても相手が被害を訴えることは少なく、捕まっても一〇〇％「人生が終わる」わけでもない。警察庁の調査[*2]によれば、痴漢被害に遭ったことのある女性のうち、相談・通報した人は十人に一人（個人的な実感としてはもっと少ない）。また、捕まえても初犯ではまず実刑にならないし、弁護士が示談にすることも多い。示談では前科がつかない。「捕まえたら相手は前にも捕まったことがあったが示談していたので前科にはなっていなかった」「妻子もいる会社員。前に痴漢で捕まった際は示談にしていて会社にもバレていなかった」「手慣れた様子で示談を持ちかけられた。金払えばいいんでしょという態度だった」などの話は、被害者を取材すれば呆れるほど出てくる。このような被害者の声がほとんど知られていないのは、「痴漢冤罪の怖さ」ばかりが報じられている現状を反映していると思っている。

痴漢していることをなかば公言しているアカウントの中にはこんなことをつぶやいていた人もいる。全文ママではなく要約して紹介する。

＊2　「電車内の痴漢防止に係る研究会の報告書」（二〇一一年／警察庁）

複数人で痴漢している人。

罰則厳しくなったのだけは覚えておいてくださいね。

五年以上になるのと親告罪じゃなくなるので、示談しても検事のサジ加減でやられちゃいます。

まあ一人でもダメなんですけどね。


昨年、百十年ぶりに性犯罪刑法が大幅に改正されて、七月十三日から施行された。このツイートがつぶやかれていたのはこの日だった。痴漢常習者は、こういう法律をきちんと確認している。

「五年以上になるのと」っていうのは、旧・強姦罪(現・強制性交等罪[*3])の懲役の下限が三年から五年に引き上げられたことの指摘だろう。また、改正前は、強姦や強制わいせつは親告罪で、被害者の告訴がなければ加害者を起訴できなかったが、改正後は非親告罪となった。これまでは弁護士がうまく立ち回り、「裁判はあなたにとって不利。何度も被害を話さなければいけないから辛いだろう」「お金をもらって示談したほうが楽」などと被害者を説得して示談に持ち込めることがあったが、今後は被害者の告訴がなくても起訴される可能性がある。

「示談しても検事のサジ加減でやられちゃいます」。痴漢常習者たちの中で、どれだけ示談が簡単で有効であることが周知の事実として共有されていたかわかるツイートだと思う。痴漢常習者たちは、普通の人よりも法律を知っているし、どのように運用されているかについても詳しい。痴漢冤罪に怯える人を見るたびに、私は実際の痴漢常習者に実体験を語ってほしい気持ちに駆られる。実際に痴漢行為をしている彼らは、「痴漢ごとき」でそう簡単に捕まらないこと、捕まりそうになっても逃げられること、弁護士があっさり示談してくれることをよく知ってる。

偶然だろうが、かなり大きく報じられた埼京線での集団痴漢は、[*4]このツイートがつぶやかれた日から約一週間後、七月十九日の事件だ。

こういうツイートを見ていて、バカバカしくならないだろうか。痴漢被害者と、

＊3 〈文庫版追記〉二〇二三年の改正で不同意性交等罪に。

＊4 会社員ら四人の男が逮捕された事件。四人に面識はなく、ネットの掲示板で情報交換していたと報道されている。

痴漢の実態を知らない人とで「女性専用車両はアリかナシか」といったことを議論し、ときには対立しあっていることが。私は悲しいし怒りを覚える。実際に痴漢行為を行っている加害者は、こんな議論には加わらず、のうのうと今日も痴漢し、しかも楽しそうにツイートしている。

痴漢するヤツなんて本当にいるの？　と思っている人にこそ、こういうツイートを見てほしい。痴漢するヤツの神経がわからないと思っている人にも。子どもを痴漢から守りたいと思っている人には、痴漢加害者の認知の歪み、思考のおかしさを知ってほしい。なぜはっきりと拒絶を示さないといけないのか、彼らの思考を読み取ればわかる。拒絶しないと、彼らの頭の中で「痴漢ＯＫ子」が存在し続けるし、いつまでも彼らはその対象を探し続ける。

恐怖のあまり体が硬直し拒絶できなかった被害者を責めてはいけないのだが（私もそうできなかったひとりだ）、その一方でやっぱり、「拒絶の意志を示した方がよい」ことは伝えないといけないと思う。電車の中では痴漢被害に遭うことがあるよ。痴漢をするヤツらは、「気持ちいい思いをさせてあげる」ぐらいの気持ちでいるよ。捕まえようとしたら反撃されるかもしれないし、周囲の協力が得られないかもしれない。それはとてもハードルの高いことだから、そこまでできなくても仕方ない。

でもせめて、拒絶の意志を示さないと、彼らの妄想を誇大させてしまう。次にまた何人も何人も襲われる子が出る。もしその場で何もできなかったとしても、大人に報告してね。その報告だけでも、痴漢被害をなくす手がかりになるよ。もちろん、悪いのはあなたじゃない。

痴漢常習者は痴漢行為を研究している。どんな相手をターゲットにすれば痴漢を続けやすいかや、法律がどのように運用されているかについて。

だから良識のある大人たちも、まず学びませんか？　痴漢の心理について。痴漢が捕まらずにすんでいる実態について。加害者をいつまでも透明化させていてはいけないと思っています。

〈追記〉私は女性専用車両については、消極的肯定の立場だ。被害にあって電車に乗ることに恐怖を覚える人のためのシェルターの意味を持つ一方で、根本的な対策とはなっていないと思う。単純に男女を分けることで、そこに断絶を生み、結果的に専用車両反対派のように、女性への憎悪を募らせる人を生んでいる。こういう車両ナシでも被害のない社会を。……というようなことをネット上に書いたところ、痴漢の加害者で治療中の男性から、「女性専用車両は必要だ。あなたの言っていることは性善説だ」という、キレ気味のご意見をいただいた。こういう男性と、アンチ女性専用車両の男性で、まず議論してほしい。間に女をはさんで、女に石をぶつけていないで。

前に進む

二〇一八年五月二十二日

二〇一七年の二月初旬だった。

下北沢の雑居ビル四階にある私の会社に来た彼女は少しも寒そうではなくて、一緒に来たアルジャジーラの女性記者と一緒に、前の取材が押して予定の時間に遅れたことを詫びた。二人はどこか楽しそうで、その表情から、恐らく前の取材が実りのあるものだったのだろうなと思った。

時折かきあげる長い髪と大きな目が印象的。英語のスキルや身振り手振りから海外暮らしが長いのかなと感じさせる女性。それが私の、伊藤詩織さんへの第一印象だった。

その数週間前に、大阪で性暴力関連の活動を行っている知人の女性から、「日本の痴漢問題について取材している外国メディアがあり、小川さんを紹介したい」と言われた。コーディネーターのイトウさんから連絡が来るからと伝えられ、私はその後しばらく、詩織さんをアルジャジーラと契約しているコーディネーター兼通訳と勘違いしていたのだが、実際は記者と一緒に取材するフリージャーナリストだった。

アルジャジーラの記者アネッテは、私が十代の頃に受けた痴漢被害（強制わいせつ）について詳しく聞いた。その時期、あなたはそれをどう思っていた？　どうして日本でそんなことが起こっていると思う？　どうしたら被害をなくせると思う？　あなたはどうして声を上げたの？　そんなことを聞かれたと思う。私が英語を話せないので詩織さんは逐一通訳してくれた。通訳を挟むから、取材にはその分時間がかかった。一日中、他県で取材していたそうで、私の取材が始まったのは一九時を過ぎていた。でも二人とも疲れを見せなかった。途中から取材というより雑談のようになって、それぞれ思い思いのことを話した。

私が「性暴力をなくしたいって記事を書くと、ツイッターでクソフェミってリプが飛んでくる」と言ったとき、詩織さんはクソフェミを「fucking feminist」と通訳し、アネッテは笑って「それ誉め言葉だよ」と言った。

被害をなくすために、どうしたら？　そんな話をしていたときだった。私は確か、「性被害は、被害に遭った人が話さないとなかったことになってしまう」「性暴力を取材するライターとして話したくない人に無理をさせることはできないけれど、話せる人は話すことが必要」というようなことを言ったと思う。

そうしたら、詩織さんが少し黙った。そして自分のことを話し始めた。日本で知り合いからレイプ被害に遭ったという話だった。警察へ行ったけれど、対応は納得いくものではなかった。

ニュースを見たり、彼女の著書『Black Box』（二〇一七年、文藝春秋）を読んだりした人は詳しく知っていると思う。彼女は映像メディアでの職を求めて就職活動をしていた二〇一五年に東京で準強姦の被害に遭った。相手の男性に対していったんは逮捕状が出たが、執行直前に取り消しとなり、書類送検後、嫌疑不十分で不起訴となった。

私は彼女が話し始めたとき、その被害を初めて人に話しているのかと思った。性暴力の取材をしていると、「誰にも言っていなかったけれど、実は私も」と打ち明けられることは少なくない。

けれど、そうではなかった。彼女は被害に遭った直後からその時点までで約二年間、警察はもちろん、知人や医療関係者、弁護士、国内外のメディアなどあらゆる人に相談していた。長い長い複雑なその話を、私はその後、彼女に何度か会うたびに少しずつ、繰り返し聞いた。初めて聞いたときから、彼女自身の事実は明確で、変わることがなかった。

二度目に会ったのも、下北沢の会社だった。彼女は長かった髪を肩上ぐらいまで切っていた。「かわいい」と私が言うと、ちょっと複雑そうに笑った。ロングヘアを切るのは小学校以来で、ストレスで髪の毛が抜けることに耐えられなかったからだと知ったのは『Black Box』を読んでからだ。

三度目に会ったのは渋谷のカフェだ。週刊新潮で彼女の事件が取り上げられ（このときはまだ匿名だった）、もうすぐ記者会見を開くという時期だったと思う。顔出しで記者会見を行い、名字は伏せるものの名前は明らかにすると聞いて、心配だった。海外で仕事をする二十八歳のジャーナリストはそれほど多くないし、詩織という名前が出れば、心ない人たちは特定作業を始める。

詩織さんとアネッテの書いたアルジャジーラの記事は、一部の「ネトウヨ」の間で「反日記事」かのように批判されていた。その前にBBCが日本の性犯罪や少女買春などを報じたときにも「偏向報道だ」という反応があり、アルジャジーラの記事もそれと関連付けられて、日本の印象を悪くするための工作記事かのように言われていた。

詩織さんが名を明かせば、ネット右翼の人たちは、あの記事を書いたのが彼女だということをすぐに特定し、叩くだろう。たとえそうでなくたって、そういうことにするのが彼らのやり方だ。

特定されるのでは、と心配する私に、詩織さんの返事は「決めたことなので、大丈夫ですよ！」だった。とっくに覚悟を決めているのだなと知った。

記者会見の後、彼女に関する報道を連日目にした。たくさんの人がその話をしていた。私は彼女の物語の脇役になったような気がした。あまりにも、彼女が世の中に与えたインパクトが大きかった。それは同時に、大きな苦難を彼女が一手に引き受けてしまったということでもある。

性暴力の支援に携わってきた人たちから、「詩織さんのために何かしたい」「どうしたらいいか」という相談を受けたことは一度ではなかった。心ない人が彼女を直接攻撃しようとするのと逆に、彼女を応援したい人たちの多くは、それが彼女の迷惑にならないように遠巻きで見守った。私もどうしたらいいかわからなかった。腫れ物に触るような扱いはよくないとはわかっているのに、何をすれば役に立てるのか、少しでも雑音を取り除けるのかわからなかった。結局、私は私の仕事をするしかなかった。

十月に発売した『Black Box』で、詩織さんは名字も公表した。ジャーナリストとして活躍する彼女がいつまで「詩織」でいなければいけないのかと思っていたので、このことに私はホッとした。性犯罪の被害者に「恥」の烙印を押す世間が、彼女から名字を奪ったように感じていたから。名前を取り戻せたんだと思った。

『Black Box』は、ジャーナリストが、自分の身に起きた事件について書いた稀有な本だ。事件の目撃者や捜査関係者に自分で話を聞き、日本における性暴力被害の扱われ方の問題点にまで言及している。もっと話題になっていいはずだが、この本が正当な評価を受けていない理由は、日本ではジャーナリズムが息をしておらず、受け手の意識も育っていないからだと言いたくなる。また、性暴力がいまだタブー視されたり、取るに足らない「女性の問題」だと思っている人の多いことと無関係ではないと思う。

『Black Box』の中で興味深かったのは、詩織さんの子ども時代から留学の経緯までのくだりだ。二月に出会ってからずっと、この人は一体、どういう人なんだろうと思っていた。優秀な女性だということはわかっていたけれど、ああいう記者会見を開く決断をできる人が、どんな風な子ども時代を過ごしてきたのか、ずっと知りたいと思っていた。面と向かっては聞けなかったその答えが本の中にあった。読んで、詩織さんにとって、日本は本当に狭かったのだと思った。彼女が十代の前半でアメリカに行きたいと思ったのは必然だし、ああいう記者会見を開く人が彼女だったのも必然だ。

詩織さんは聡明で、ユーモアに富んだ人。一方で当たり前だけど、その年齢相応の部分もある。彼女を応援する人の中には、女神か救世主かのように彼女を持ち上げる人もいる。気持ちはわかる。私も、そう思いたくなることがある。無根拠なバッシングをネット上で繰り返す人に対抗するために、そうしたくなるのかもしれない。でもやっぱり、彼女は女神ではなくて人間だ。

私がスタッフとして参加している、性暴力被害当事者を中心とした団体、一般社団法人Springに、詩織さんが来てくれたことがある。帰りに池袋のメキシコ料理店にみんなで寄ったとき、スタッフの一人が、「潤さんが最近、ラップをつくったんだよ」と言った。潤さんとは、Springの代表（当時）で、昨年『13歳、「私」をなくした私　性暴力と生きることのリアル』（朝日新聞出版）を出版した山本潤さん。実父からの性虐待を公表している。性犯罪刑法改正のとき、メディアでもたくさん取り上げられた。

性暴力に関する司法や警察・行政の対応を何とか変えたいと思うけど、なかなか進まない。ロビイング活動やそのほかのいろんなときどきに、目の前にいる人の話を聞こうとしない偉い人にうんざりすることもあればイラつくこともある。そんな気持ちをラップに込めてみた、別にラッパーじゃないけどと、潤さんは少しだけ歌ってみせた。むしゃくしゃしたから、リズムに乗せてみた。「本物のアーティストですね」と詩織さんが真顔で言った。そのやりとりの全部が面白かった。

性暴力のヒガイシャって別に、特別なことではない。普通に電車に乗ってるし、パセラでカラオケするし、インスタを見ておいしそうなごはん屋さんを探す。詩織さんも潤さんも、テレビではどうしても真面目な顔ばかり取り上げられがちだけど、二人とも普段はよく笑う。

内閣府の最新の調査*では、女性の十三人に一人、男女合わせると二十人に一人が、「無理やり性交などをされた経験がある」と回答している。本当は珍しい被害ではないのに、声を上げた人だけが「特別な人」という目で見られ、敬遠されたり逆に崇められたりしている、二〇一八年現在。今を生きつつ、ここよりもう少し前に進みたい。そのために、今日もごはんをおいしく食べて、力をたくわえる。

詩織さんの民事訴訟は今も続いている。

〈文庫版追記〉性被害を訴えた民事訴訟で詩織さんは勝訴（二〇一九年十二月）。その後、ネット上の誹謗中傷を訴えた訴訟でも軒並み勝訴している。その一方で、民事訴訟の代理人を務めた弁護士たちが、二〇二四年十月、詩織さんの初監督作品『Ｂｌａｃｋ Ｂｏｘ Ｄｉａｒｉｅｓ』の中に承諾のない映像や音声が使われていることを指摘する記者会見を開いた。同作品は米アカデミー賞・長編ドキュメンタリー映画賞の有力候補とも言われている。

＊「男女間における暴力に関する調査」（平成二十九（二〇一七）年度調査／内閣府男女共同参画局）。「性交など」は、性交、肛門性交、口腔性交のいずれか。

メールをさかのぼってみると、タババブックスの宮川さんから最初に打診をいただいたのは二〇一六年の五月だった。単著のお話をいただいて、これ以上ないほどうれしいご依頼だったのに、その後私はなぜかなかなか書き進められず、結果的に二年かかってしまった。

その間に、性犯罪刑法が百十年ぶりに大幅に改正され、#MeTooが起こり、三年に一回行われる内閣府による「男女間における暴力に関する調査」の最新版が更新された。当時発表されていたジェンダーギャップ指数（百四十五カ国中の百一位／二〇一五年）は、順調に百十一位、百十四位と下がり続けたが、国内でのフェミニストたちの声は、以前よりも少しずつ大きくなっているように思う。毎年三月八日の国際女性デーに行われる「ウィメンズ・マーチ東京」の二〇一八年の参加者は前年の二倍以上だった。四月二十八日に新宿アルタ前で行われた、セクハラや性差別に抗議する集会「私は黙らない」は、若い世代の男女が率先して声を上げていた。

あまりこの問題に関心のない人にとっては、いつの間にか性犯罪刑法の改正が行われて、ある日突然、海の向こうから#MeTooがやってきた、ように見えるかもしれない。けれど本当は、そこに至るまでに、たくさんの人が声を上げ、次の人へバトンを渡してきた。私はその歴史をまだほんの少ししか知らないけれど、無数の人生がつないできたものを、記憶しておきたい。

数カ月前にフランスのジャーナリストから取材を受けたとき、彼女は「いろいろな国の過酷な状況の人たちを取材してきたけれど、日本の女性の取材をして私は初めて泣いた」と言った。彼女の目に私たちがどう映ったのかわからないけれど、もしかしたら、日本の女性が一見、何の不自由もなく暮らしているように見えるからかもしれない。日本は先進国であり、最も安全な国のひとつと思われている。それは一面で正しいけれど、だからこそ、見えづらい問題がある。問題を訴える難しさがある。

大手新聞社の記者たちが言う。いまだに性暴力の企画は通りづらい。「そんなことより、もっと大事なことがある」と思われている。セクハラの告発が、不倫スキャンダルのようなものだと捉えられていたりする。ある民放の記者が「うちの局で、性暴力に特化した番組を作ったことはこれまでほぼないようだ」と言うのを聞いたこともある。

決定権のある人の悪意、忖度、もしくは関心のなさ。世に出た表現がバッシングされるのは可視化されても、世に出ない問題の問題は気付かれにくい。多数派は少し首を振ったり、黙ったままでいるだけで、問題提起の芽を摘むことができる。

私は「Ｙａｈｏｏ！ニュース」「ニュース個人」など主にネット上で記事を書いている。「ウェブニュース」への信頼度は、まだ新聞やテレビに追いついてはいないとは思うが、文字数や時間、企画の制限を受けない場所での発信が、自分にできることのひとつだと信じたい。

編集の宮川さん、デザイン担当の沼本明希子（directionQ）さん、下北沢のご近所さんとご一緒できてうれしいです。装画を引き受けてくださった惣田紗希さん、本当にありがとうございます。

これまで話を聞かせてもらったたくさんの人に心から感謝します。

二〇一八年六月五日

小川たまか

自由のほうへ行くために

女性が幸福な国

二〇二二年六月

私は普段「性暴力」の取材をしている。「性暴力」という言葉を出した途端、えっ、こわいというように驚いた顔をする人がいる。

けれど「性暴力」の取材をしている私は、「そんなこわいこと、私はあまりよく知らない」という顔をする彼女たちだって、本当は当事者であることを知っている。

日本語は不思議なもので、「性暴力」や「性虐待」という言葉にはまるで非日常の響きがある。性犯罪の罪名はさらにそうだ。

私は「性暴力」についてまだあまりよく知らないと思っている人と話すときに、「性暴力被害に遭っても、そうだと気づいていない人も多いんですよ」と言うことがある。相手はどういうことですか？　と不思議そうにする。ひどい被害に遭ってそれに気づかないなんて、そんなことあるの？　と。

「痴漢に遭ったことはありますか？」

「痴漢ぐらいならあるけれど」

「それ、性暴力ですよ」

そこでその人は、「あっ」という顔をする。彼女も、性暴力をそれと気づいていなかった人のひとり。日本語は不思議なもので、とても便利で、被害に遭った人がそれと気づかないですむように作られている。それは誰にとって都合が良いだろう？

痴漢という言葉で表される行為にはさまざまな種類がある。服の上から触られる行為は迷惑防止条例違反で取り締まられることが多く、服の下に手を入れたり自分の体の一部を触らせたりする行為は強制わいせつ罪。衣服を切ったり、体液で汚したりする行為は器物損壊罪。

けれど「痴漢」という言葉でくくられた途端、その深刻さがどこかへ行ってしまい、騒ぎ立てずやり過ごさなければいけないような、さらには笑い飛ばさないといけないかのような空気すら流れる。

「性暴力」となると重たくてとても口にできない。一方で「痴漢」は、特段対処するほどでもない問題。そう思われている。痴漢問題を調べようとした大学生が、教授から「それは解決済みの問題でしょう」と言われた話を聞いた。そんな反応を見聞きするたびに、胸の奥に石を投げ込まれたような気持ちになる。

恐ろしいことを言うようで申し訳ないけれど、性犯罪にあたることをされてもそうと気づいていない人が少なくないことを私は知っている。「痴漢」だけではない。ある男性がツイッターで私に向けて過去の同性からの「性的ないじめ」について「あれは性暴力だったんですね」と書いてきたことがあった。講演のあとで女性から「男友達からホテルに連れ込まれたことがあるけれど、友達のしたことだからあれが性暴力だと思っていなかった」と言われたこともある。

日本は世界の他の国に比べて女性の幸福度が高いのだという。私はそれに驚かない。

虐げられやすい側にそうと気付かせないことで得をするのは誰かを知っているから。

遠ざけられてきたもの

二〇二二年十二月

普段、性暴力について取材をしているので、関連として性教育の必要性を書くこともある。

数年前、SNSで性教育について少し触れた際に、学生時代の友人から「必要だと思うけれど堅苦しいのはちょっとね（苦笑）」という反応があった。

私はそれを見て、一体何をどこから説明したら良いのかわからなくなってしまった。しかし彼のような認識の人は多いのだと思う。私の頭の中にあるものをカポッとそのままパワーポイントにして彼に見せられればいいんだけれど、それは難しいので書いてみる。

まず、彼が想像している性教育は九〇年代に私たちが中高生だった頃に受けたものだと思う。第二次性徴の頃に女の子は初潮を迎え、男の子には精通があり、それぞれ体の変化がある。性交について触れる先生も中にはいて、私の中学校時代の保健体育の先生は、それを教える人だったと記憶している。

現場も試行錯誤の取り組みで、当時の子どもたちがどんな性教育を受けたかはわりと差があっただろう。とはいえ九〇年代は性教育の必要性が確認され前進した時代だった。

しかし二〇〇〇年代に入り、バックラッシュが起こる。養護学校での性教育が問題視され教員が処分を受けた七生養護学校事件が有名だが（のちにこの処分は不当だったと裁判で認定された）、自民党内では「過激な性教育・ジェンダーフリー教育実態調査プロジェクトチーム」が発足し、二〇〇五年には当時の小泉純一郎首相が国会答弁の中で「性教育というのは我々の年代では教えてもらったことはありませんが、知らないうちに自然に一通りのことは覚えちゃうんですね」と発言し、笑いを誘った。

性教育に取り組む人々にとって二〇〇〇年代は暗黒の時代であり、日本の性教育は他国に比べて数十年遅れたとも言われる。

九〇年代といえばまだ固定電話やポケベルの時代であり、その後通信機器はPHS、携帯電話、そしてスマートフォンと変わった。同じように性教育だって九〇年代のままであるわけがなく、単に生殖器官や体の仕組みについて教えるだけの「堅苦しい」ものではなく、根本には子どもの権利の尊重や人権に関わる問題であることを踏まえた包括的性教育の必要性が共有され、LGBTQに関する知識や、性的同意という新しい概念などについて、アップデートされたものが児童・生徒に伝えられる……はずだった。バックラッシュがなければ。

二〇二一年から「生命（いのち）の安全教育」という、子どもを性暴力の被害者にも加害者にもしないための教育が試験的にスタートしたが、文科省はこれを「性教育」だとは認めていない。それほど、バックラッシュは強烈だったのだ。

同級生の友人には何の悪気もないのはわかっているけれど、「堅苦しいのはちょっと」と苦笑しているような場合ではなく、日本の性に関する教育の避けられ方はマジでヤバい。そんなことを少しずつでも伝えていかなければと思う。

ネグレクト

二〇二三年五月

「聞こえませーん」

法廷で証人となった十代の女の子が衝立の中からか細い声で話し始めると、被告人席にいる男がプレッシャーをかけるかのようにこう言った。

家庭内性虐待の裁判で、その女の子は、被害者から最初に被害を打ち明けられた友人だった。

被害者の母親の再婚相手である男は、証人を何度も遮ろうとし、何度目かで女性の裁判長から「あなたの意見を聞く機会は別に設けてありますから」と止められるとバカにしたように笑った。

家庭内性暴力の裁判では、その加害者がモラハラやDVで家庭を支配していたことが明らかになる場合がある。被害者たちの証言からだけではなく、法廷での振る舞いからそれが察せられることも少なくない。

別の裁判では、幼い姉妹に性虐待を繰り返したある「養父」は、姉には好意を持っていたが、妹には恋愛感情はなく単純な好奇心だったと堂々と言った。

娘を二回妊娠、出産させたある「実父」は、六法全書を法廷に持ち込んで自己弁護をし、訴訟手続きに問題があるから裁判所を訴えると何度も繰り返した。

彼らはなぜ自分が捕まえられてそこにいるのかわからないような顔をしているし、自分こそが不当に訴えられた被害者だと思っているかのように見える。私は彼らに「父」や「親」の字を使うことすら違和感を覚える。

厚労省が公表した児童性虐待の児童相談所での相談対応件数は二千二百四十七件で、相談対応した虐待全体（二〇万七千六百六〇件）の一・一％だ（令和三年度）。けれどこれは全体像ではなく、暗数がある。また、相談対応された性虐待のすべてが裁判になるわけではない。

家庭内というほぼ完璧な密室の中で行われる性虐待は証拠が残りづらいし、被害者が幼いために具体的な証言が取れなかったり、精神的に裁判に耐えられない場合もあるからだ。

圧倒的に、加害者が有利だ。今の社会はまだ子どもを適切に家庭から救い出すシステムが充分ではない。

年明けに、政治家が少子化対策のための消費税増税案を口走った。その後取り消す報道もあったが、どっちにしろ増税の方向へ向かっていることは見てとれる。

消費税は家庭を直撃する。

冒頭で触れた裁判で、夫が娘を虐待していたことを人づてに聞いた母親はそれを曖昧に濁し、「バイト代の三万円を早く家に入れるよう娘に伝えて」とだけ言ったという証言があった。

貧困は人を麻痺させる。大人たちが抱える不安や鬱屈は、家庭内で子どもに向けられる。ある支援者は、加害者にとって性虐待とは金のかからない娯楽なのだと言った。

社会が傾いていくとき、その皺寄《しわよ》せを最初に受けるのは子どもたちだ。けれど、子どもの被害は「家」という厚い壁に阻まれて、なかなか表に出ない。

政治家たちは、社会の末端から目を背けているように見える。日本で性虐待なんてレアケースだと考えているように思えてならない。自助共助を唱え「家」の壁をさらに厚くし、軍事費や憲法改正にばかり熱心な彼らは、国内の子どもをネグレクトし続けている。

令和のご不快構文

二〇二三年六月

ご不快な　思いをさせて　すみません　誤解を招き　お詫びをします

こんなに腹の立つ五七五七七って他にあるだろうか。

失言を指摘された政治家の決まり文句がこれである。何が腹が立つって、この決まり文句が出るたびに「ご不快な思い云々ではなく、差別発言だから問題なのだ」とか「こちらが誤解したわけではなく、真意を理解した上で批判しているのだ」などの声が必ず上がるのに、全っ然わかってもらえていなさそうなところである。わかろうとする気がないのだと思う。聞いちゃいないのだ。こっちの話を。もしくは話を聞いたら負けだと思っている。

だから何度でも彼らは失言をするし、何度でもその言葉に傷つけられる人が出る。謝罪になっていない謝罪なのだから怒り続けていると、だんだん「いつまで怒っているの」と言われ、なんだか怒り続けているほうが悪いようなムードさえ生まれる。怒る側も日々の生活があるし、怒るのにもエネルギーが必要なので、そんなにいつまでも怒っていられない。

謝ったかたちだけつくり、あとは忘れてもらうのを待つだけなんて。一体、どのような社会を思い描いているのだろうと思う。

こういうことを書いていると、じゃあどんな謝罪なら納得するのかというようなクソリプが飛んでくることがある。ならば答えよう。

それがビジネスの場だとして考えてみれば、謝罪の定型はすでにある。試みに検索してみると、「不祥事が起きた場合の基本3原則」というページが出てきた。ここには「1　誠意ある謝罪と責任の明確化」「2　原因究明とその説明」「3　再発防止策の構築とその説明」と書いてある。

過去の政治家たちの失言において、「原因究明」や「再発防止策」が語られたことがあっただろうか。企業の事故や不祥事があった場合、経営者は株主たちからとことん説明を求められるのに、最近の政治家は有権者の求める説明責任からあまりにも容易に逃げているように見える。

政治家が口にする言葉の影響力はとても大きいのに、中身の伴わない謝罪で済まされてしまっているように私には見える。

「丁寧に説明していく」と繰り返せば、丁寧に説明したことになるのだろうか。なるわけがない。

ちなみに私が取材している性暴力の分野でも、多くの被害者が加害者に求めるのは「なぜその行為をするに至ったかの説明」と「再犯しないための策」である。けれど、被害者がそれを求めたときに、謝ればいいんだろという態度で応じる加害者がいる。たとえば、ある強制わいせつ事件の裁判では、加害者である八十代の男が、なぜ自分がそんなことをしたのかを考えたことがあるのかを問われて「申し訳ございませんでした」と棒読みで繰り返していた。彼は高齢だが、自分の会社を持つ経営者だった。

説明を求められると、逆ギレで返す。傷つけられた側が求める対話を、傷つけた側が断ち切ろうとする姿に私には見える。

どうすれば彼らは変われるのだろうか。

従順な最後の世代

二〇二三年九月

私は一九八〇年に生まれた。この年に生まれて良かったのは、計算がしやすいこと。二〇〇〇年にちょうど二十歳だったし、二〇二〇年に四十歳になった。

それ以外は、ちょっとあまり思いつかない。氷河期世代と言われて就活はツラかったし、当時は就活生や新入社員へのパワハラやセクハラ、あるいは長時間労働といったものへの問題意識が今よりも薄かったから、使い潰されて自分を責めるか、あるいは過剰適応して加害側となるか、どちらにせよ心を病んでいった同年代は少なくないように思う。

同級生の友人たちは、夫の海外赴任について行くとか、不妊治療のためとかで仕事を辞めていった。気遣いができて、波風を立てることを好まず、つまり汎用性の高い能力を持った女友達から順に仕事を手放す（あるいは手放さなければならない状況になる）ように見えて、私は心が冷えた。私がフリーランスとして仕事を続けられているのは、単に異端だったからのように思える。

私たちより下の世代の女性たちは、遠慮しないで氷河期世代を追い越してほしい。

そういう話をとあるシンポジウムでしたときに、ずっと上の世代の女性から、あなたたちの世代にだってまだやるべきことはあるのよ、と言われた。

それはもちろんそうなのだけれど、一方で、彼女には私たちの世代の焦燥感と諦観はわからないのではないかとも思った。

十代の前半でバブルが終わってしまって、日本のいい時代なんてほとんど知らない。思春期の頃に地下鉄サリン事件や阪神淡路大震災があった。それは暗い時代への突入の象徴みたいだった。

二十代の新卒の頃には、政治家たちがこぞって「自己責任」を唱えていた。若者が他国で人質となって残酷な殺され方をしたのに、国内には悼むどころか当然の報いだという雰囲気すらあった。これから社会に出る世代に向けて、国に〝迷惑〟をかけたらこうなるのだと思わせるのに、あれ以上のことがあっただろうか。

非正規でもそれは自己責任で、少子化だから自分たちがどれだけ年金をもらえるのかはわからない。そして社会の構造に卵を投げるには、牙を抜かれ過ぎている。

そもそもの体力を奪われ過ぎている。

昨年、元首相を銃撃した男は一九八〇年生まれだった。

私たちの世代は連帯の方法を学ばず、社会運動にも心の距離がある。彼は個人の「自己責任」で、単独で行動した。

下の世代は気軽に連帯して、古い慣習を、意地悪な大人を、蹴っ飛ばしてほしい。本当に愚痴っぽくてごめんだけど、私にできるのは、下の世代を邪魔しないことぐらいだと思うこともある。

できれば六十歳ぐらいで引退したいと思うのは働きたくないからではなくて、なるべくなら席を空けなければいけないと思うから。

それまでに充分なお金を貯められるのだろうか。いや、お金の心配なんてしているから、構造に絡め取られるのだろうか。

大切な話だから声をひそめて

二〇二三年十二月

ここ数年、少し年上の女性たちからの何気ない心遣いに、何度救われたことだろう。

自分はフェミニストであると自認したり名乗ったりすると、一部の男性からは「男性差別主義者」とレッテルを貼られるし、女性から「私は女性が、女性がって言うつもりはない」という態度を取られることもある。

少し前に流行っていたClubhouseという、いろんな人のトークを聞けるSNSでは、名前の知れたベンチャー企業の社員だという若い女性が「フェミニズムとかジェンダーなんて、私の友達は誰も言ってないから」と同年代の男性に高い声でしゃべっていた。

今の日本ではそうやってバカにされたりキワモノ扱いされたりするのもわかってる。わかっててフェミニストって名乗ってるんだよ、ってその女性には言いたかったけれど、すごく悔しいわけでもなかった。

フェミニズムにまつわる誤解とか、説明しても説明してもまだ説明せよと求められる無力感とか、それでもやっぱり元気のあるときは声を上げていこっていうゆるい励まし合いを共有できるお友達が今の私にはいて、その土台が私を支えてくれている。

あの高い声の女性ぐらい若かった頃、私は「目指したいと思える女性が周囲にいない」と思っていた。今振り返ってみるとなんて不遜なのかと思うけれど、そもそも年上の女性と知り合う機会があんまりなかった。

業界には男性が多く、男性はどの年代もいるけれど、女性は年齢が上がるにつれ減っていく。そして数少ない女性と知り合うときは、大体間に男性が入って、男性からその人の評判や評価を事前に聞かされたりする。せっかく知り合ってもなかなか打ち解けるまでいかなかった。

三十代を少し過ぎて、性暴力への関心からフェミニズムに出合って、それからはあっという間にいろいろな女性と出会った。どのシンポジウム、どのミーティングに行っても女性が大半で、高校時代に戻ったような気持ちになった。

もちろん中には気の合わない人もいたけれど、それでも根底の部分はつながっている気がした。

フェミニスト同士の連帯とか、シスターフッドとかいう言葉で説明するのは気恥ずかしい。そんな大袈裟なものではなくて、もっとさりげないかたちでの親切を受け取っている。

一通の短いメールとか、読んだよを知らせる「いいね」とか、前からずっと知っていたフェミニストに初めましてのご挨拶をしたときのニコニコとか、何かあったときには外さないタイミングで来るフォローとか。

そういえば私、フェミニズムを知るずっと前から、「女の友情は薄い」とか「女の敵は女」って言われることが我慢ならなかった。

大きな声で、私は尊敬している女性がたくさんいるんですって言うつもりもない。大切なことだから邪魔されないようにこっそり伝えたい。

昔の私みたいな女の子がいたら、声をひそめて、この秘密を伝えたい。

日記の夏

二〇二四年一月

二〇二三年の夏から秋にかけては、とてもざわざわした。

七月に性犯罪に関する改正刑法が施行されて、それは私や私の周囲の人にとって前進と言えるできごとだった。一方で、同じ時期に才能のある有名な若いタレントさんがみんなの前から姿を消して、たくさんの人が悼んだ。しばらくして私の若い友人にも同じことがあった。自分の被害を映画に撮ったことのある女性だった。

八月九月になると、大きな芸能事務所でずっと続いていた性虐待について、何度も記者会見が開かれて、沈黙していたメディアがいっせいに報道を始めた。調査報告書が公開された後の事務所の会見日は「Xデー」だと言われた。

性暴力の被害当事者や「サバイバー」と呼ばれる人が私の周囲には多い。私と感覚の近い友人のひとりが、報道を見るのがつらいと言った。

つらいよね。

なんでもないときにだって、トラウマを呼び起こすものは突然やってくる。世の中は比較的元気な人たちがまわしているから、日頃はそうじゃない人の姿があんまり見えない。その中で、具合の悪さを話したりわかってもらえる人を見つけたりするのは、わりと大変なことだ。そんなのさ、みんななんとかやってるんだから、あなたも頑張りなよ、そんな声がどこからか聞こえてきた。

それが今は、テレビが連日元気でいられなかった人たちを映し出している。元気だった人たちのほうが、謝罪をしている。

どうしたの、いきなりと、戸惑う。突然、その話をしていい社会、みたいになった。心理の仕事をしている、別の友人が言った。

これまで頑張って、その傷を隠そうとしたり、無理に笑顔を作ったり、逆にこういう人がいるんですと訴えたり、それぞれのやり方でバランスを取っていた人たちが、もうその必要がないと言われたら。

もう社会は変わったのだから、そんなことしないでいいんだよと言われて、それをきっかけに張り詰めていたものが切れてしまう。そういうことがあるんじゃないかと。

私が開くイベントに毎回来てくれていたあの若い友人の姿をもう見ることができ

ないのだとわかったとき、私は日記をつけることにした。

もう会えないことを私は悲しいと思ってしまう。社会が変わる中でそれは仕方のない犠牲だったという誰かが言った言葉をどうしても受け入れられない。みんなで生き残りたかった。

裁判とか中傷とか、普通からすると物騒な言葉が私たちの会話では頻繁に出てきて、なんとなくそれに慣れてしまっていたけれど、そうではない日常も本当はたくさんあった。ふかふかのあんぱんとか、すべすべしたネイルとか、とぼけた失敗とかね。それを覚えておかないと、残しておかないと、変わった後の社会から私たちが切り離されてしまう気がした。

五年後、十年後。三十年後、五十年後。未来のことを考えるのは苦手だけれど、今日の私のために、いつかの誰かのために日記をつける。

その中には、あなたもいるのだと思う。

誰を救うための制度か

二〇二四年三月

パリ市内はどの通りを歩いても飲食店やカフェが路上にテーブルを出している。十月中旬でも日の高いうちは気温が上がることもあって、オープンカフェで食事をしている人が目立った。

到着して最初にランチを食べに入ったカフェの決め手は、店員のお姉さんのクールさだった。アフリカ系の彼女は金髪のベリーショートで、薄いピンクのネイルがこれまで見た誰よりも似合って見えた。

パリを訪れたのは、ＦＩＧＯという産婦人科医たちが集まる学会が開かれたからだ。私は医療系のライターではないけれど、自分が取材する性暴力やジェンダーの問題と、産婦人科の話は遠くない。知り合いのお医者さんやジャーナリストが参加することもあって、同行させてもらった（念のためことわっておくと自腹で行っております）。

他国と自国を比べるのは難しいし、安易にやってはいけないとはわかっている。

背景にある歴史や文化や国民性が違うから、法や制度の違いを簡単には比較できない。

もちろんそれはそうなんだけれども、やっぱり羨ましいと思ってしまうところはある。

たとえば、フランスではアフターピル（緊急避妊薬）を薬局で誰でも買うことができる。そして二十五歳以下であれば無料。

同行者たちが試しに薬局で買い求めたところ、「アフターピルをください」「はい、どうぞ」「メルシー」、ただそれだけのやり取りで売ってもらえた。四・九ユーロ（約八百円）だったそう。

薬局で「二十五歳以下です」と言ったときに証明書を見せる必要もない。悪用する人がいるのでは？　いるかもしれない。けれど、悪用を防ぐよりも、緊急での避妊が必要な人にその薬が行き渡らないことのほうが問題だという考え方なのだという。嘘をついて無料で手に入れようとする二十五歳以下ではない人がいるかもしれないけれど、その人は嘘をついてでも無料で手に入れないといけないほど緊急性があるのでしょう、と。誰でも手に入るし無料もしくは安価だから、転売する必要がないと。

日本だと相場は一万円前後とも言われる。医師の診察を受けなければいけないし、転売の可能性からその場で服用を求められることもあった。OTC化（薬局などでの販売）を求める声が多く寄せられたためにようやく少し進みそうだが、しかし、二〇二三年十一月末に全国百四十五店で「試験販売」が始まったという段階だ。

私はインターネットで文章を公開することがよくあるから、こんな内容を書いたらニュースサイトのコメント欄やSNSがどんな反応であふれかえるかよくわかる。

日本にも優しいひとはたくさんいるはずだけれど、残念ながらその声は、誰か一人でも「ずる」をする可能性がある制度は絶対にあってはならないという圧にかき消される。海外の情報に敏感に反応し、そうじゃない、日本はすごいのだ、他国は治安が悪いのだと書き連ねる人がいる。

パリ市内で乗ったタクシーの運転手は、最近彼女と一緒に日本へ旅行したよと陽気に話してくれた。フランスに暮らす人が日本に旅行や留学をして、もし緊急避妊薬を手に入れなければいけない状況になったとき、日本の状況をどう思うだろう。「おもてなし」の国の裏を、そのときに知るのだろうか。

Column
持続可能な生活

普段、深刻な内容の取材をすることが多いからか「どんな風にメンタルケアをしているんですか？」と聞かれることがちょくちょくある。気持ちが落ち込んでしまうときに、あるいは落ち込まないためにどう対処しているか、ということだと思う。

あるイベントでこう聞かれたときに「結構いろいろやってます。三十個ぐらいあります」と答え、その後本当に三十個あるだろうかと数えてみたら、ちゃんとあった。なるべく一日一万歩は歩くようにするとか、悪いことより良いことを覚えておく癖をつけるとか。

中でもやっぱり重要なのは睡眠時間の確保と、睡眠の質を上げること。ベッドに入ったらなるべく頭の中を空っぽにするイメージを持ったり、夜は炭水化物を控えめにするなどの対策をしている。私は体質的に炭水化物の消化があまり得意ではないらしく、多く食べた日は過眠傾向にあるからだ。

睡眠時間に関しては、気楽な自由業であるため、十分すぎるほど確保できる。寝る間も惜しんで仕事をしていた若い頃の自分にちょっと分けてあげたいくらい。なんだけれど、決まった時間に出勤する必要がなく、自分の時間をいくらでも自由に使えるというのは、それはそれで難しさもある。うっかり気を抜くと、いくらでもだらだらと過ごしてしまう。だらだらが楽しければそれはそれでオッケーなのだが、これが困ったことに充実感がない。早く走ろうとしても足がしっかり地面を蹴ることができずにふわふわと浮くばっかりでもどかしい、そんな夢を見てしまう。

毎日を充実させるためにはどうしたらいいか。結局、朝はちゃんと起きて、野菜もそれなりに食べて、良い睡眠をとるために適度に運動をする。苦手なスケジュール管理をして仕事に取り組むしかない。完全にはできないけれども、それを目指して早寝する。

学生の頃、決められた時間に学校に行って時間割通りに勉強をして、「文武両道」などと掲げられた上で健康的な生活を求められることが苦痛だった。自堕落な生活をしながらも、天才的な作品を作り上げる芸術家に憧れた。かっこいい大人とはそんな感じだろうと思っていた。

けれど大人を長年やってみて気づいたのは、自分の体質が過度のアルコール摂取や夜更かしには向かないということ。飲み過ぎた次の日は、なぜかガッツリ落ち込んでいる。規則正しく過ごさないと、文章も書けないし、好奇心もしぼんでいく。ああ、つまらない。もっと破天荒で無茶苦茶な人になりたかったのに。口うるさい大人の言う「健康的な生活」が正解だったなんて。

破天荒に見えた大人たちの中には、そういうキャラを演じてただけの人もいるのかもしれない。テスト前に「全然勉強してない」って言う子がばっちり点数を取るのと同じで。あるいは伝説が一人歩きしただけとかね。

そんなことを今さら理解する。今日も朝ちゃんと起きられることに、ホッとする。

Column

百円ショップのサンセベリア

少し前に引っ越しをしたのをきっかけに、部屋の中のちょっとした収納グッズやキッチン用品などを調達しに、近くの百円ショップに通った。その全国的に有名な百円ショップでは植物も売っていた。グリーンはさすがに生花店で手に入れたほうがいいかなと思いつつも、たくましいサンセベリアの苗が四株、ガラス瓶に入って売られていたのでつい買ってしまった。これが百円？　本当にいいのかしらと思いつつ、セルフレジで他のものと一緒にピッとお会計をした。

ところが、それは百円ではなかった。帰って家計簿アプリをつけながら確認したら、百円の値札は四株それぞれにつけられていて、さらにガラス瓶は別途二百円。私は苗の一つにつけられた値札しかバーコードを通しておらず、つまり合計六百円するところ百円しか払っていなかった。どうしよう。店の人は勘定が合わないことに気づいてきっとため息をついたはず。わざとじゃないとはいえ万引きと変わらない。防犯カメラに映っているだろうし、もしかして通報？　いや昨今の風潮からして「セルフレジだとこんな被害があって困っています」って、画像付きでSNS拡散とか……。そうしたらきっと、「これが百円なわけないっていくらなんでもわかるでしょ。悪質すぎ」などなどのコメントが寄せられるのだ。

ハラハラしながら翌日店を訪れて説明した。店員のお姉さんはキョトンとして、まったく迷惑そうにせず、「わざわざありがとうございます」と言って淡々と精算してくれた。前科一犯にならなかったことに心底ホッとして、追加でS字フックを買って帰った。

家で新聞を開くと、五輪汚職事件が載っている。偉い人たち同士で示し合わせて、実態がほとんどない会社にコンサル契約の名目で数千万円を振り込んでいたのだと。きっと私が百円、千円を使うときの感覚で彼らは一万円、十万円を使うのだと思う。しかし私が想像できるのはそこまでで、お金を不正に受け取って堂々と生きていける感覚についてはその範疇《はんちゅう》を超えている。家族や友人との楽しいひとときにふと、逮捕の不安が頭をよぎったりしないのだろうか。自分たちぐらい地位があれば平気だと、たかを括っているということ?

スポーツやイベントにそんなに興味のない私でも、東京五輪が決まったときはうれしかった。物心ついた頃にはバブル崩壊で、就職の時期は氷河期で、大震災も一度ならずあり、私から見た日本はずっと落ち目一直線だった。そんな世代の自分でも、まだ大丈夫と信じられるかもしれない、そのきっかけになるような気がしたからだ。

でもまったく、これっぽっちも、見事なまでに、そんなふうにはならなかった。お金を持っている人たちでお金を回し合い、名誉に箔《はく》をつけるための五輪だったのだ。こんなことってあるだろうか。

合計六百円のサンセベリア。偉い人たちは「最近の人は安い買い物しかしない」と言って笑うだろうか。

Column

猫の同意

昨年から猫二匹と一緒に暮らしている。

猫は愛くるしい生き物であるから、こちらとしてはなるべくコミュニケーションを取りたいし、ときには触ったり、抱き上げたりしたい。

そこで気になるのは、猫の同意である。

大きい猫の方は甘えっ子で、頻繁に私の膝に乗ってくるようになった。こちらとしては彼が膝に乗るときは、なるべくじっとそのままでいる。猫のほうは気ままで、下りたいときはサッと下りていく。猫らしくて良いと思う。

小さい猫は、仕事をしていると足元に来てニャアニャアなく。これは締切よりも優先される営みであるので、私は彼女をかまう。

彼女は人間と遊ぶのは好きだけれど、抱っこはあまり好きではないようだ。けれど私はかわいさのあまり、ときにぎゅうっと抱きしめてしまいたくなることがある。

しかし、かわいいからといって、彼女の意に添わないスキンシップをして良いのだろうか。

このようなことを考えてしまうのは、私が普段、性的同意に関する取材や執筆をしているからである。性的同意とはここ数年よく聞くようになった言葉で、相手の体へ接触する際には、同意を取るアクションが必要という考え方。ネット上には、「Consent for kids」という子ども向け動画もあり、そこでは大人からのハグが嫌だと思ったら「それは嫌だな」と言っていいと、教えられている。

猫と暮らすまでは、気ままな猫の気持ちは人間にはわからないと思っていた。

けれど毎日観察するようになると、猫たちは意外にちゃんと意思表示をするのだとわかった。というか、気持ちそのままに生きている、とも言える。もちろん彼らは体調を自分で事細かに説明することはできないから、その点の難しさはあるけれど、人間が何かをするときに、それが猫にとって同意か不同意かはわかりやすい。問題は人間の側に猫の気持ちを読み取り、尊重する姿勢があるかないかなのだと思う。

言葉は便利であると同時に不自由であるとも思う。

人間は猫と言葉が通じないから、彼らの仕草や表情から、一生懸命その気持ちを読み取ろうとする。猫のほうも、猫語を使えない人間のために、なるべくシンプルに意思表示することを心がけている……かもしれない。相手が自分とは違うこと、だからすべてわかりあうことはできないことを前提にした努力は必要だ。

これが人間同士だと、なかなか難しい。同じ種族だという慢心から、相互理解の努力が足りないのではないか。

ところでこれはまだ猫との暮らしビギナーの私の経験であるから、今後もしかしたら「人間に気を使って食べたくないフードを無理して食べる」「嫌だけど我慢して抱っこされる」という複雑なアウトプットに戸惑うことがあるのかもしれない。そのときはそのときで、猫の気持ちと向き合っていくつもりです。

文庫版　おわりに

私が大学生だった頃、世の中は不景気と言われていました。卒業してしばらくしてから大学生の就職難は解消され、いつの間にか「売り手市場」と言われるように。私はなんとなく、社会は……、自分たちの暮らしは、良い方向へ向かっていくのだろうと漠然と考えていました。氷河期と言われていた時代でさえ、そう思っていたかもしれません。若者が漠然とそう思えたというのは、今になってみると幸せなことだったと思います。

日本の実質賃金は当時からほとんど伸びておらず、国際比較のグラフでは日本の低迷が著しいことがわかります。インバウンド消費が伸びているのは、日本の物価が安く、海外から旅行に来るとお得に感じられるから。この傾向は今後もしばらく続くのではと予想されています。名目GDPは二〇一〇年に中国に抜かれ、一人当たりの名目GDPは二〇二二年に韓国に抜かれていたことが二〇二四年に報道されました。

まさか二十年後に日本がこうなっているとは思いませんでした。

ひしひしと感じる息詰まりの中で、ストレスはより弱い人に向けられていきます。排除していい人を作り出して、いじめ倒す社会。「人権」について話す前提が、かなり後退しているように感じます。

私は本来、不真面目な人間ですし、社会問題を取材する人になろうと思っていたわけではありませんでした。たわいないことを愉快に書いていたかった。でも気づいたらそういう時代じゃなくなっていた。

私みたいな人間が社会問題を取材する事態になっているのは、よっぽどのことです。火事のときに消防車が来なくて、市民がバケツリレーしても埒が明かず、もう犬猫のおしっこを使ったらどうかって話になっているようなものです。

これから十年後がどういう社会になっているのかはわかりません。わからないけれど、私の希望は、選択的夫婦別姓や同性婚が認められ、女性議員の数が増え、性犯罪の時効が撤廃され（特に子どもの被害に関しては）、個人通報制度が批准される方向へ進み、「人権」という言葉にポジティブなイメージを抱く人が増えていることです。

……こんな当たり前のことをわざわざ書くなんて、本当につまらない。

ちょうど昨日、京都の本屋さんで聞いた講演では、フランス人のエデュケーターの男性がさらっと「社会が変わるためにはフェミニストの活動がもっと支持されなければならない」と言っていました。

二〇二五年の日本でもし日本人がこんな発言をしようと思ったら、なぜそう考えるのかの説明が少なくとも二十分ぐらいは必要になってしまいます。フェミニストはむしろ社会を引っ掻き回して悪くする存在だと考えられているから。

十年後には変わっているでしょうか。十年後も諦めずにいたい。

編集の許士さん、いつも丁寧にお手紙をくださってありがとうございました（ラブ）。文庫版のデザインを手掛けてくださったのは芥陽子さん、イラストは韓国のイラストレーター・ソヨンさんの絵を使わせていただきました。

私たちがこの時代を無事に生き残れますように。

二〇二五年一月十三日

小川たまか

本書は、二〇一八年七月にタバブックスより刊行された同名の単行本に加筆修正したものです。文庫化にあたり、「自由のほうへ行くために」（初出：「母の友」（福音館書店）二〇二二年六月〜二〇二四年三月掲載分より一部抜粋）を加えました。

ちくま文庫

「ほとんどない」ことにされている側から見た社会の話を。

二〇二五年三月十日　第一刷発行

著　者　小川たまか（おがわ・たまか）
発行者　増田健史
発行所　株式会社　筑摩書房
東京都台東区蔵前二―五―三　〒一一一―八七五五
電話番号　〇三―五六八七―二六〇一（代表）
装幀者　安野光雅
印刷所　中央精版印刷株式会社
製本所　中央精版印刷株式会社

ISBN978-4-480-43994-9 C0136